관계의 온도

관계의 온도

발행일	2025년 8월 10일
지은이	강숙아, 김상철, 김수정, 김한식, 박니나, 이미자, 이은정, 이향숙, 임해숙, 조시원, 조숙희
펴낸이	손형국
펴낸곳	(주)북랩
편집인	선일영	편집	김현아, 배진용, 김다빈, 김부경
디자인	이현수, 김민하, 임진형, 안유경	제작	박기성, 구성우, 이창영, 배상진
마케팅	김회란, 박진관		
출판등록	2004. 12. 1(제2012-000051호)
주소	서울특별시 금천구 가산디지털 1로 168, 우림라이온스밸리 B동 B111호, B113~115호
홈페이지	www.book.co.kr
전화번호	(02)2026-5777	팩스	(02)3159-9637
ISBN	979-11-7224-797-3 03190 (종이책) 979-11-7224-798-0 05190 (전자책)

잘못된 책은 구입한 곳에서 교환해드립니다.
이 책은 저작권법에 따라 보호받는 저작물이므로 무단 전재와 복제를 금합니다.
이 책은 (주)북랩이 보유한 리코 장비로 인쇄되었습니다.

(주)북랩 성공출판의 파트너

북랩 홈페이지와 패밀리 사이트에서 다양한 출판 솔루션을 만나 보세요!

홈페이지 book.co.kr • 블로그 blog.naver.com/essaybook • 출판문의 text@book.co.kr

---

작가 연락처 문의 ▶ ask.book.co.kr

작가 연락처는 개인정보이므로 북랩에서 알려드릴 수 없습니다.

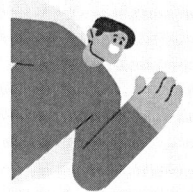

사람 사이가 힘들 때, 다시 손 내밀 수 있도록

관계의 온도

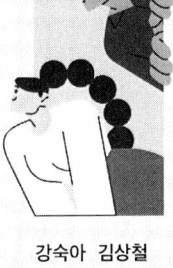
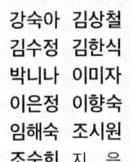

강숙아　김상철
김수정　김한식
박니나　이미자
이은정　이향숙
임해숙　조시원
조숙희 지 음

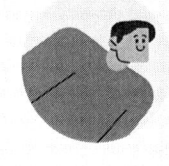

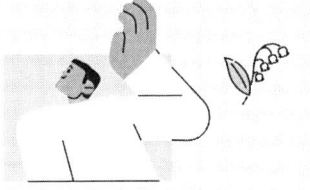

북랩

들어가는 글

어느 날, 내 안의 무언가가 말을 걸어왔다. 그동안 모른 척 넘겨왔던 감정이었다. 그날은 도무지 가만 있질 않았다. 멈춰 있던 감정의 시계가 다시 천천히 움직이기 시작했다. 스쳐 지나간 감정들, 잊은 줄 알았던 질문들, 그리고 나조차 외면했던 이야기들이 하나씩 고개를 들었다. 그 마음을 외면한 채로는 더는 나아갈 수 없었다. 결국 마주해야만 했다. 작고 불편했던 감정들이, 사실은 오랜 시간 자리를 내어달라며 기다리고 있었던 것임을.

그 자리를 내어주기 위해, 열한 명의 작가는 이 책을 쓰기로 했다. 이 책은 '관계'라는 말 앞에서 길을 잃었던, 상처를 안고도 여전히 사람을 포기하지 않으려는 이들에게 전하고 싶은 마음에서 출발했다.

다시 누군가를 향해 다가가기 위해, 우리는 먼저 '나를 돌아보기로 했다. 그것이 이 책의 1장, 「나와 나 사이 - 관계의 출발점」이다. 나를 있는 그대로 바라보는 일, 괜찮은 척 덧씌운 감정을 벗겨내는 일, 오래 감추어 두었던 마음을 꺼내어 들여다보는 일은 결코 쉬운 일이 아니었다. 하지만 글을 쓰며 알게 되었다. 진심 어린 고백이야말로 관계의 첫걸음이며, 스스로를 보듬는 힘이 있어야 타인에게도 따뜻하게 손을 내밀 수 있다는 것을.

1장에 담긴 이야기는 저마다의 방식으로 '나를 회복해가는 여정'이다. 그 글이 독자의 마음에도 하나의 거울처럼 비치기를 바란다. 완벽한 관계의 기술을 알려주려는 것이 아니다. 다만 우리가 삶 속에서 마주한 수많은 질문과 갈등, 기쁨과 슬픔을 함께 나누고자 했다. 그 과정을 있는 그대로 받아들이는 것만으로도 관계는 조금 더 따뜻해질 수 있다고 믿는다. 당신의 마음 한편에 고요히 다가가, 작은 속삭임이 되어줄 수 있다면 좋겠다. 그 속삭임이 당신의 관계 여정에 따스한 등불이 되기를 바란다.

관계를 맺는 일은, 생각보다 많은 준비가 필요하다. 아무 말이나 쉽게 꺼낼 수 없고, 너무 가까워도, 너무 멀어도 어렵다. '너와 나 사이'의 간격은 언제나 섬세한 조율을 요구한다. 2장, 「너와 나 사이 - 연결의 기술」에서는 바로 이 간격 속에서, 우리가 어떻게 서로를 바라보고, 이해하고, 연결될 수 있을지를 함께 고민했다.

강숙아 작가는 관계 앞에서 성급히 반응하기보다, 쉼표처럼 멈춰보는 연습을 권한다. 그 멈춤은 타인을 향하기 전, 나를 들여다보는 출발점이 된다. 김상철 작가는 '다름을 이해한다는 것'의 어려움을 고백하며, 그 다름 속에서 나와 세계를 더 깊이 이해해 가는 관점을 제시한다. 김수정 작가는 '연민, 존중, 수용'이라는 세 단어로 건강한 관계의 본질을 정리하며, 그 단순한 태도를 매일 연습해야 한다고 말한다. 김한식 작가는 '지혜로운 거리두기'를 통해, 상처를 덜 남기는 관계를 이야기한다. 박니나 작가는 "그럴 수도 있지"라는 단순한 말 한마디가 무너질 뻔한 관계를 붙잡아줄 수 있다고 전한다. 이미자 작가는 "그러려니"라는 말의 내공을 이야기하며, 수용과 놓아줌의 너그러움을 전한다. 이은정 작가는 '엮임은 따뜻했고, 얽힘은 뜨거웠다'며, 복잡한 감정이 사람을 사람답게 만들었다고 했다. 이향숙 작가는 곁에 있어주는 사람의 진정한 의미를 조용히 짚어냈다. 화려한 말보다 묵묵한 존재가 주는 위로를. 임해숙 작가는 '착한 사람일수록 외롭다'는 진실을 꺼내며, 나를 지우는 착함이 아닌, 나를 지키는 착함을 이야기했다. 조시원 작가는 의사소통은 기술이 아니라 관심이라고 말한다. 말솜씨보다 마음을 기울이는 태도가 진짜 소통의 시작이라고.

　때로는 말하지 않는 것도 말이다. 침묵은 비겁함이 아니라, 깊은 메시지를 담을 수 있는 그릇이다. 2장은 우리가 얼마나 서툴지만 진심으로 관계를 맺으려 애썼는지를 보여주는 기록이다. 사랑하고, 미워하고, 실망하고, 그럼에도 다시 손을 내밀었던 이야기들. 그 모든 순간은 결국 '나와 너'를 넘어 '우리'로 가는 길목에 놓여 있다. 이 책을 펼친 당신도 분명 누군가와 더 잘 연결되기를 바라는 사람일 것이다. 그렇다면 잠시 멈추어, 이 책 안의 목소리에 귀를 기울여 보자. 우리가 살아낸 문장들이 당신의 질문에 작은 빛이 되기를 진심으로 바란다.

　관계는 때로 멀어지고, 때로 다시 연결된다. 삶의 리듬처럼.
　3장, 「우리 사이 - 함께 살아간다는 것」은 바로 그 리듬을 연주했다. 함께 살아간다는 것은 단지 공간을 공유하는 것이 아니라, 감정과 경험을 나누며 서로의 삶에 조용히 영향을 주고받는 일이다.
　강숙아 작가는 "말보다 중요한 건 레가토"라고 말한다. 말과 말 사이, 그 사이의 정서와 태도에서 관계는 이어진다. 김상철 작가는 직장과 공동체 안에서 '건강한 거리'를 제안하며, 거리 조절이야말로 관계를 지키는 배려임을 말한다. 김수정 작가는 '감사와 사랑'을 중심으로 한 공동체의 가능성을 경험으로 풀어낸다. 김한식 작가는 좋은 관계를 위한 실천적 습관들을 소개하며, 태도와 반복이 관계를 만든다고 강조한다. 박나나 작가는 하나의 에피소드를 다양한 시선으로 바라보며, 다각도의 이해가 소통을 가능케 한다는 걸 보여준다. 이미자 작가는 감정은 표현되지 않으면 사라진다며, 사랑을 말하고 행동으로 전할 것을 권한다. 이은정 작가는 '사회적 페르소나'를 되짚으며, 진짜 나와의 거리를 좁히는 질문을 던진다. 이향숙 작가는 변화는 타인이 아니라 '내가 먼저'라는 태도에서 시작된다고 말한다. 임해숙 작가는 '함께하면서도 나를 잃지 않는 법'을 이야기하며, 건강한 균형을 제안한다. 조시원 작가는 공동체 속에서 '나를 지키며 조화를 이루는 기술'을 나눈다. 조숙희 작가는 "거리는 멀어도 마음은 가깝게"라는 메시지로, 진정성 있는 연결이 여전히 가능하다는 희망을 전한다.

   3장에서는 기술이나 요령이 아니라, 함께 살아가는 데 필요한 '마음의 자세'에 대 고백했다. 누군가는 먼저 떠나고, 누군가는 늦게 도착하지만, 우리는 여전히 연결되어야 한다. 결국 이 책은, 그 연결의 감각을 회복시키기 위한 작은 시도다.

   이 책은 한 사람의 독백이자, 열한 명의 이야기이며, 동시에 '우리'의 이야기다. 관계는 기술이나 처세가 아닌, 깊은 자각과 진심에서 비롯된다는 걸 우리는 믿는다. 여기 담긴 문장들은 어떤 정답이 아니라, 우리가 살아낸 시간에서 우러난 고백들이다. 그 고백이 누군가에게는 위로가, 또 누군가에게는 거울이 되기를 바란다.

이제껏 외면해 온 마음과 처음으로 제대로 마주 앉아, "그럴 수밖에 없었어"라고 진심으로 말해줄 수 있는 자리. 이 책이 바로 그 자리가 되었으면 한다. 아마도 같은 이유로, 당신도 이 책을 조용히 펼쳤으리라. 그 마음이, 지금 여기에 있다.

작가 조숙희

프롤로그

왜 우리는 관계 앞에서 자꾸만 서툴러지는가?

사람이 힘든 게 아니라, 사람과의 사이가 힘들다고 말하는 이들이 있다. 혼자 있을 땐 괜찮다가도, 누군가와 부딪히는 순간 어김없이 올라오는 감정들. 서운함, 미움, 죄책감, 두려움, 소외감….

누군가에겐 너무 당연한 말 한마디가 나에겐 며칠을 끌고 가는 상처가 되기도 한다. 그럴 때마다 마음속 어딘가에서 이런 속삭임을 듣는다.

"나는 왜 이렇게까지 예민할까."
"다들 잘 지내는데, 나만 어렵게 느끼는 건 아닐까."

하지만 당신만 그런 게 아니다. 누구나 관계 앞에서, 한 번쯤은 무너지고, 주춤하고, 도망가고, 다시 돌아온다.

이 책은 그 흔들리는 자리에서 태어났다. 사람과의 사이에서 길을 잃은 수많은 마음에 이야기로 건네는 따뜻한 위로이자, 다시 사람을 믿고 싶은 당신에게 보내는 초대장이다. '관계가 왜 이렇게 어려울까'라는 질문은 곧 '나는 왜 나와 잘 지내지 못할까'라는 고백으로 이어진다. 그래서 시작은 '타인'이 아닌, '나와 나 사이'에서부터 출발한다.

1장. 나와 나 사이 - 관계의 출발점

우리는 먼저, 자기 자신과의 관계를 되돌아보았다. 과거의 기억이 현재를 어떻게 흔들고 있는지, 용서받지 못한 감정들이 지금의 나를 어떻게 붙잡고 있는지. 가면을 쓰고 살아가던 '괜찮은 척'의 삶, 늘 남을 먼저 돌보다가 어느 날 텅 비어버린 내 마음. 누군가를 사랑하기 위해서는 먼저 나를 돌보는 일이 필요하다는 진실. 그 진실을 외면하지 않고 마주했던 시간의 기록이 1장에 차곡차곡 담겨 있다.

이 장은 상처를 치장하지 않는다. 다만 정직하게 들여다보고, 거기서 조금씩 나를 회복해 가는 과정이다.

2장. 너와 나 사이 - 연결의 기술

살아가며 깨닫는다. 사람과 사람 사이의 간격은 늘 어딘가 모자라고, 넘치기도 한다. 너무 가까우면 숨이 막히고, 너무 멀면 마음이 식는다. 2장은 그 거리감 속에서 연결을 시도하는 이야기들이다. 다름을 받아들이는 연습, 오해를 마주하는 용기, 사랑을 표현하는 법, 그리고 말하지 않는 것조차 하나의 언어임을 이해하게 되는 과정.

이 장에서 관계는 기술이 아니라 태도며, 잘 말하는 사람보다 잘 듣는 사람이 오래 연결된다고 고백했다. 서툰 표현이 오히려 진심이 되고, 조용한 기다림이 가장 깊은 소통이 되기도 한다는 걸 여기서 함께 배워간다.

3장. 우리 사이 - 함께 살아간다는 것

공동체 속에서 우리는 수없이 관계를 맺고 끊는다. 가족, 직장, 사회, 모임, 친구. 그 안에서 나는 과연 어떤 사람으로 존재하고 있는가? 3장은 '함께 살아간다는 것'의 본질에 대해 질문을 던진다. 나를 잃지 않으면서도 함께할 수 있는 용기, 거리를 조절하는 감각, 감사와 사랑을 표현하는 습관, 그리고 말보다 더 진한 정서로 이어지는 마음의 레가토.

관계는 결국, 나와 너를 넘어 '우리'라는 이름으로 향하는 긴

여정이다. 때로는 충돌하고, 때로는 놓치고, 그러다가도 다시 서로를 향해 손 내밀 수 있다면 우리는 연결되어 있다.

우리는 이 책을 통해 전하고 싶었다.

"괜찮아, 그렇게 느낄 수 있어."
"너만 그런 게 아니야."
"그리고, 다시 잘 지낼 수 있어."

이 책은 해결책을 말하려는 책이 아니다. 다만 함께 살아낸 시간, 진심, 고백, 복잡한 감정의 온도, 그 모든 걸 있는 그대로 기록했다. 그래서 더욱 진실하다. 그래서 누군가에게는 거울이 되고, 또 누군가에게는 등불이 되기를 바란다.

혹시 요즘 관계가 버겁게 느껴진다면, 혹시 자꾸만 혼자가 되는 것 같다면, 이 책은 당신을 위해 존재하는지도 모른다. 이제 차분히 첫 장을 펼쳐보자. 그 안엔 당신의 마음을 이해하고 기꺼이 손잡아 줄 누군가의 이야기가 지금 이 순간, 오롯이 기다리고 있을 것이다.

관계는 온도다.

조금은 따뜻하고, 조금은 서툴러도 괜찮다.

우리는 그렇게 연결되며 살아간다.

라이팅코치 이은정

차례

들어가는 글 | 조숙희   5
프롤로그 | 이은정   11

제1장   나와 나 사이 - 관계의 출발점

나만의 아다지오 | 강숙아   22
과거의 관계가 현재의 나에게 | 김상철   28
용서는 '좋은 나로 살아가는 첫걸음 | 김수정   35
그대로의 나와 보여주는 나 | 김한식   41
잃어버린 자리를 되찾는 시간 | 박니나   48
내 안의 선함이 균형을 맞추다! | 이미자   54
아무도 나를 돌보지 않는 날에는 | 이은정   61
마음을 빌려준 날들 | 이향숙   67
괜찮은 척의 끝에서 내가 무너졌다 | 임해숙   74
나를 사랑하는 습관 | 조시원   79
가면 쓴 착한 아이 | 조숙희   85

제2장 너와 나 사이 - 연결의 기술

쉼표처럼, 잠시 멈추고 바라보기 ǀ 강숙아	96
다름을 이해한다는 것 ǀ 김상철	102
소중한 관계를 위한 팁, 연민, 존중, 수용 ǀ 김수정	108
너와 나의 거리 ǀ 김한식	114
'그럴 수도 있지'의 힘 ǀ 박니나	121
'그러려니, 그럴 수도 있지!'의 내공을 키우다 ǀ 이미자	127
엮임은 따뜻했고, 얽힘은 뜨거웠다 ǀ 이은정	133
묵묵히 곁에 있어 주는 사람 ǀ 이향숙	139
착한 사람이 가장 외롭다 ǀ 임해숙	145
의사소통은 기술이 아니라 태도와 관심이다 ǀ 조시원	151
말 안 하는 것도 말이다 ǀ 조숙희	157

| 제3장 | 우리 사이 – 함께 살아간다는 것 |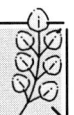

말보다 중요한 건 레가토 ǀ 강숙아	166
직장, 공동체 가족에서의 건강한 거리 ǀ 김상철	172
'사랑과 감사'라는 공동체 안에서의 소통 ǀ 김수정	179
관계를 향상시키는 좋은 습관 ǀ 김한식	186
한 에피소드, 여러 관점 ǀ 박니나	193
사랑의 표현을 아끼는 어리석음은 바다에 퐁당! ǀ 이미자	199
나의 사회적 페르소나는 누구인가? ǀ 이은정	206
내가 먼저 변해야 한다는 깨달음 ǀ 이향숙	212
함께하면서도 나를 잃지 않는 기술 ǀ 임해숙	217
집단속에서 나를 지키고 타인과 조화를 이루는 방법 ǀ 조시원	223
거리는 멀어도 마음은 가깝게 ǀ 조숙희	230

마치는 글	240

제1장

나와 나 사이

―

관계의 출발점

나만의 아다지오

강숙아

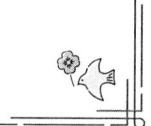

'이건 운명이야, 가지 말라는 신호야.'

없다. 어디 갔지? 오후 2시 30분까지 모슬포 운진항에 도착해야 한다. 내비게이션에 찍어보니, 운진항까지는 1시간 거리다. 마음이 급해졌다. 어쩌면, 약속 장소에 가고 싶지 않은 마음이었는지도 모른다. 주말이면 혼자 있는 시간이 좋다. 누구도 신경 쓰지 않고, 어디에도 얽매이지 않은 채 나만의 시간을 보낼 수 있어서다. 그래서일까, 마음은 이미 가지 말라는 신호를 보내고 있었다.

아코디언 동아리 K 선생에게 전화했다.

"자동차 키를 찾지 못하면 워크숍에 가지 못할 수도 있어요!"
라고.

잠시 후, 전화벨이 울렸다. M 선생이다. 모슬포 가는 길에 나를 태워주겠단다. 챙겨주는 마음이 고마웠다. 괜찮다고 말하며 전화를 끊었다. 키를 찾지 못했으면 하는 마음이 컸다. 약속 장소에 가지 않아도 되니까.

1시간 전으로 머릿속을 회전시켰다. 토요일 오전 9시, 학원에 수업이 있어 나가려고 할 때 차 키를 본 기억이 났다. 혹시나 하는 마음에 3분 거리를 1분 만에 헐레벌떡 학원으로 달려갔다. 주차장도, 교실도, 샅샅이 뒤졌다. 키는 없었다. '역시 가지 말라는 거구나.' 스스로를 변명할 구실을 찾았다. 결국, 포기하고 집으로 돌아왔다. 돌아오는 길에 사무장에게 전화했다. 그는 비상키 하나를 갖고 있다. 두 번 전화했지만 받지 않았다. 집 도착해서 마지막으로 옷방 문을 열었다. 도어문에 걸린 흰색 에코백이 보였다. 그 안에 자동차 키가 있었다. 다행인지, 불행인지.

곧장 K 선생에게 전화했다. 약속 장소로 향했다. 가지 않으려 했던 마음을 달래며 차를 몰았다. 가기 싫은 마음에도 이유가 있다. 정말 피하고 싶었던 걸까? 아니면 단지 쉬고 싶었던 걸까? 스스로에게 물었다. 그 감정의 진짜 이름을 알기 위해.

우리는 때때로 어떤 감정에 이름을 붙이지 못한 채 억누른다. 마음을 정직하게 마주할 때, 비로소 내 안의 진짜 모습을 드러낸다. 억누르기보다는 흐름을 따라가 보면 진심이 가리키는 삶의 방향이 보이기 시작한다. 결국, 나와 나 사이의 관계는 그 마음을 존중하고 받아들이는 데서 시작된다.

"요금이 얼마인가요?"
"1,500원입니다."

낮 12시 55분. 수원에서 공항으로 향하는 버스에 몸을 실었다. 사위가 데려다주겠다고 했지만 사양했다. 혼자 조용히, 나만의 리듬대로 움직이고 싶었다. 공항까지는 약 1시간 20분. 버스에 앉아 꾸벅꾸벅 졸다가, "공항 도착했습니다"라는 안내 멘트에 눈을 떴다. 급히 내린 뒤 로비로 들어섰다. 뭔가 낯설다. 사람이 거의 없다. 이상했다. '혹시 잘못 내린 건 아닐까?'
아는 길도 물어 가라는 말이 떠올라, 발길을 안내소로 돌렸다. 아니나 다를까, 국제선 터미널이었다. 목적지는 국내선. 두 정거장을 더 가야 했다. 택시를 타고 가기엔 가까운 거리여서 순간 망설였다. 햇볕이 강했다. 처음 타보는 시내버스 앞에서 잠깐 멈춰 섰다. 번호판도 생소했고, 어디로 가는지도 헷갈렸다. 그래도 조심조심 발을 옮겼다.
'덜컥' 문이 열리고, 낯선 버스 안으로 살며시 올라탔다. 신용

카드를 바코드에 갖다 댔다. 결제가 되지 않았다. 당황했다. 오랜만의 대중교통이었다. 모든 게 서툴렀다. 버스 기사는 이상한 눈으로 나를 바라봤다. 가방 속을 뒤져 빨간색 지갑을 꺼내어 열었다. 낡고 구겨진 천 원짜리 지폐 한 장, 오백 원짜리 동전을 투입구에 밀어 넣었다. '딸각!' 기계가 동전을 삼키는 소리. 지폐는 들어가지 않아 한 번 더 밀어 넣었다. 드디어 요금이 찍혔다. 휴, 다행이다.

김포 공항에 도착한 시간은 오후 2시 20분. 비행기는 5시 30분 출발이라 세 시간 이상 여유가 있었다. 누군가는 '한참을 기다려야 되겠다.'라고 투덜댔겠지만, 나에겐 오히려 소중한 시간이다. 약속된 시간도 아니고, 누가 뭘 요구하지도 않는다. 혼자만이 즐길 수 있는 시간이었다. 공항 대합실 한쪽에 자리를 잡았다. 사람들이 오가는 소리와 안내 방송으로 시끌벅적했다. 어깨에 메고 있던 검정색 가방을 열고 비닐봉지에 들어있는 고구마를 꺼냈다. 사위가 심심할 때 먹으라고 가방에 넣어 주었다. 껍질을 벗기며 한입 베어 물었다. 입안 가득 퍼지는 부드럽고도 달콤한 맛. 사위의 자상함에 입꼬리가 올라간다. 달콤한 맛만큼이나 마음도 달콤했다.

노트북을 꺼냈다. 공저 출간계약기념회 이야기를 글로 정리했다. 영상도 함께 촬영해 둔 터라, 간단한 편집을 시작했다. 낯선 장소, 사람들 속에서 오히려 더 몰입할 수 있었다. 키보드를 두드렸다. 주변 소음이 마치 배경 음악처럼 들렸다. 기념회에서의 장면들을 하나하나 다듬는 혼자만의 시간이 행복했다. 한참을 집중하고 있었다.

"여기서… 웬일이야?" 등 뒤에서 크게 외치는 소리가 들렸다. 어디서 들었던 익숙한 목소리. 이곳에서 들을 것이라 예상하지 못했다. 고개를 돌렸다. 조 작가가 서 있었다. 모임에 참석하지 못하고 병원에 다녀오는 길이라고 했다. 놀람과 반가움이 뒤섞인 감정이 올라왔다. 말을 잇기도 전에 웃음이 터졌다. 서로 껴안으며 지나가는 사람에게 핸드폰을 내밀며 부탁했다. 그 장면을 남기고 싶었다. 생각하지 못한 만남이었다. 필연이었다. 공항에서 뜻밖의 만남은 하루를 특별하게 해주었다. 일상의 반복 속에서도 예기치 않은 장면은 찾아온다. 그것이 삶을 한층 풍성하게 만든다. 그날의 기억을 떠올리며 미소 짓는다.

저녁 7시, 마지막 수업 마치고 나면 학원은 조용하다. 온종일 학생들이 북적이고 음악으로 가득했던 공간이 순식간에 고요가 내려앉는다. 그제야 비로소 진짜 나의 시간이 시작된다. 하루의 끝에 나를 위한 시간 30분을 만들었다. 누구에게도 방해받지 않는 시간. 짧지만 단단한 리듬이다. 누군가를 가르치기 위해서가 아니라, 나를 다듬기 위함이다. 나를 성장시키는 소중한 순간이다. 오늘도 원장이라는 이름을 잠시 내려놓고 나만의 아다지오를 연주한다.

혼자라는 건 텅 빈 상태가 아니다. 외로움이 아닌 자유며 공허함이 아닌 충만함이다. 사람들과 어울리는 것도 좋지만, 혼자 있는 게 좋을 때가 있다. 조용한 방 안에서 좋아하는 음악을 듣고, 천천히 커피를 마시는 시간, 그 어떤 화려한 만남보다 마음이 편안하다. 하고 싶은 대로 결정하고, 나만의 속도로 살아간다. 외로움이 더 이상 두렵지 않다. 그 고요함 속에서 진짜 나를 발견한다.

지금 난, 누구의 눈치도 보지 않는다. 내 감정과 속도를 온전히 느낀다. 고요한 시간 속에서 나를 회복한다. 종종 타인의 속도에 발맞추느라, 나의 리듬을 잃곤 했다. 나를 지키는 삶이란, 바쁜 하루 속에서 나만의 리듬을 만들어가는 것에서 시작된다. 아다지오(Adagio), 느리지만 깊고 단단한 속도로 연주하라는 뜻이다. 그 리듬이 나를 회복시키고, 진짜 나를 만나게 해준다. 오늘 하루, 나만의 아다지오를 연주해보는 건 어떨까?

과거의 관계가 현재의 나에게

김상철

"당신은 지금 어떤 사람인가?"

이 질문을 받으면 사람들은 대체로 현재의 모습부터 떠올린다. 나는 어떤 일을 하고 있고, 어떤 성격을 가졌으며, 어떤 관계 안에 있는지를 설명하려 한다. 정말 그게 다일까? 지금의 나는 단지 현재의 선택과 경험만으로 만들어진 존재가 아니다. 나를 이루고 있는 많은 부분은 이미 오래전 과거에 만들어졌다. 어린 시절 부모와의 대화, 친구와의 우정과 갈등, 첫사랑의 기억, 직장 동료와의 협력과 경쟁, 가족과 나눴던 온기와 오해 같은 순간들이 켜켜이 쌓여 지금의 나를 만들었다. 누군가는 과거는 이미 흘러갔으니 끝난 것이라 말한다. 하지만 과거는 그렇게 간단히 사라지지 않는다. 오히려 내면 깊은 곳에서 여전히 작동하면서 오늘의 나를 이끈다. 왜 어떤 상황에서는 이유 없이 위축되고, 어떤 관계는 시작도 전에 포기하게 되는 걸까?, 그 해답은 대개 과거와의 관계에 있다.

나 역시 마찬가지다. 지금은 70대에 접어들었지만, 여전히 어린 시절 아버지의 모습이 또렷하게 남아 있다. 아버지는 단호하고 엄격한 사람이었다. 어릴 적 아버지 앞에서 책을 읽다가 억양이 틀리면 '다시'라는 짧은 말이 돌아왔다. 그 한마디는 내게 실수에 대한 두려움을 각인시켰다. 사람들 앞에서 말할 때마다 말문이 막히고, 얼굴이 붉어지는 습관은 그때 생겨났다. 아버지는 나에게 보호자라기보다, 완벽함의 기준 같은 존재였다. 아버지 눈빛 하나에도 눈치를 봤고, 늘 긴장 속에 지냈다. 그 기억은 세월이 지나도 쉽게 사라지지 않았고, 여전히 잔재한다. 지금도 누군가와 대화할 때 쉽게 끼어들지 못한다. 말이 이치에 맞지 않을까 봐 입을 다물곤 한다. 어떤 자리에 가도 자연스럽게 행동하지 못하고 위축되며, 스스로를 자꾸 내 안에 가두곤 한다.

사람들과의 관계에서도 마찬가지다. 후배가 인사를 대충 했다는 이유만으로 마음이 불편해지고, 단체 채팅방에서 친구가 내 말에 반응하지 않으면 혼자 속으로 고민하기 시작한다. '내가 뭔가 잘못한 게 있나?', '무슨 섭섭한 일이 있었나?' 하고 괜한 걱정이다. 누군가와 가까워지기 시작하면 '혹시 이 관계가 깨지면 어쩌지?' 하는 조바심이 먼저 앞선다. 그래서 처음부터 거리를 두거나, 반대로 더 잘해보겠다고 지나치게 친절하고, 맞추려 애쓰다가 지쳐버린다.

어릴 적 아버지와의 관계는 내가 세상과 맺는 관계의 기본 틀이 되었다. 실수나 거절에 대한 두려움은 끊임없이 반복되었고, 나를 불안하게 만들었다. 친구들 모임이나 직장 회의 때, 대화 중에는 말을 아낀다. 내 생각을 표현하기보다 타인의 눈치를 먼저 살폈다. 괜히 상황에 맞지 않은 말이 될까 봐 입을 닫은 거다. 그건 때론 나를 위축시키고 침묵하게 했지만, 동시에 나를 깊이 들여다보는 계기가 되기도 했다. 이런 패턴에서 벗어나고 싶었다. 인간관계가 원만해 보이는 사람들을 관찰하고, 관련된 책들을 많이 읽었다. 그들은 어떻게 대화를 이어가는지, 감정을 표현하는지, 갈등을 조율하는지를 살펴봤다. 양상은 다르지만 나만 그런 게 아니라는 사실을 알게 되었다. 누구나 저마다의 상처와 패턴을 안고 살아간다는 걸. 단지 그게 겉으로 드러나지 않았을 뿐이다.

"그때 그 일만 없었더라면…."

그는 지금도 가끔 그렇게 말한다. 무심코 웃으며 말하지만, 그 말끝엔 여전히 지워지지 않는 상처가 묻어 있다. 대학 시절, 절친했던 친구에게 배신당한 경험이 있다. 그 이후로 사람과 가까워지는 것을 경계하게 되었다. 모든 것을 털어놓을 만큼 친했기에, 실망은 배로 컸다. 자신이 없는 자리에서 험담을 늘어놓던 친구의 모습을 우연히 알게 되었고, 그 순간 머릿속이 새하얘졌다. 겉으로는 아무렇지 않아 보여도, 새롭게 만나는 관계마다 그 상처가 그림자처럼 따라붙는다. 시간이 흘러도 사라지지 않고, 현재의 인간관계에도 그 영향이 자동 반사되어 연결의 장애가 된 거다. 이번엔 또 어떻게 될까?, 나만 정들고 또 끝나버리는 건 아닐까? 아무 일 없어도 괜히 먼저 마음을 닫아버리는 건, 상처받지 않으려는 나의 방식이었다.

"처음으로 마음을 열었는데, 아무 말도 없이 떠나더라고요."

어떤 사람은 첫사랑과의 이별 이후, 이별의 아픔을 평생 마음에 묻고 수십 년을 살아왔다. 이별은 너무 갑작스러웠고, 남겨진 마음은 오랫동안 무거운 그림자처럼 따라다녔다. 시간이 흘러 다른 사람을 만나고, 누군가와 연애해도 매번 같은 지점에서 멈춰버렸다. 연락이 조금만 늦어져도 초조했고, 상대가 피곤하다는 이유로 약속을 미루면 하루 종일 마음이 뒤숭숭. 사랑이 언젠가는 떠난다는 믿음이 내면에 남은 거다. 그 감정은 새로운 관계를 시작할 때마다 반응한다. 기대하지 않으면 실망도 없을 테니까. 연인으로 발전시키기보다 스스로 마음을 닫아버린다. 상처받기 전에 먼저 포기하는 것이 자기방어이기 때문이다.

출근길 지하철에서 누군가 내 어깨를 스치고 지나갔다. 어떤 날은 '바쁜가 보네' 하고 넘겼지만, 또 어떤 날은 "왜 저렇게 예의가 없지?'라며 마음이 삐딱해졌다. 같은 일이지만 내 기분에 따라 전혀 다르게 반응했다. 회의 시간에 내 의견을 건너뛰는 직원, 평소엔 무심코 넘겼지만, 어느 날은 괜히 무시당한 느낌이 들어 하루 종일 기분이 가라앉았다. 내가 그 상황을 어떤 감정으로 반응하느냐에 따라 관계의 분위기나 결과가 달라진 것 같다.

때때로 내 감정의 렌즈로 세상을 비추고 있다고 여긴다. 어떤 말이 날 상처 입히는지, 어떤 행동이 유난히 따뜻하게 느껴지는지 결국 그 렌즈 때문이다. 그 렌즈는 대부분 과거의 경험에서 만들어졌다. 어릴 적 친구에게 무시당했던 기억이 남아 있다. 누군가 말끝을 흐리거나 대답을 미루기만 해도 '혹시 나를 싫어하나?'라는 감정이 먼저 앞섰다. 한때 인정받고 싶어 애썼던 모양이다. 작은 칭찬에 과하게 기뻐하고, 작은 비판에도 깊이 상처받았다. 그렇다. 감정은 단지 순간적인 반응이 아니라, 내 안에 오래 쌓여온 과거의 기억과 연결되어 있다. 나는 매일의 사건을 있는 그대로 보는 게 아니라, 나만의 감정 필터를 통해 보고, 해석하고, 반응하고 있던 거다.

내면화된 과거의 경험은 무의식적으로 현재의 관계 방식에 영향을 미친다. 겉으로는 잘 지내는 것 같아 보여도, 마음속엔 늘 경계심이 깔려 있다. 누가 다정하게 다가오면 '왜 이러지?' 하며 의심부터 하고, 어떤 말이나 행동이 조금만 거칠게 느껴져도 스스로 마음을 굳게 닫아버린다. 스스로를 위축시키고, 불안하게 만들고, 때로는 관계 자체를 피하게 만든다. 누구를 믿는 법, 사랑하는 법, 헤어지는 법까지도 과거의 관계에서 배운 대로 반복하고 있는 셈이다. 여전히 현재의 나를 통해 살아 움직이고 있다. 과거는 과거로 끝난 게 아니라, 현재의 나로 존재한다. 의식하지 못할 뿐이다.

이유 없이 불안하거나, 똑같은 관계 실패를 반복하거나, 스스로 있는 그대로 받아들이기가 힘들다면…, 그것은 과거의 경험이 지금도 꿈틀하고 있다는 신호다. 나도 모르게 혼자 속상하고, 괜한 말 한마디에 마음이 무너질 때, 지금의 상황보다 먼저, 내 안에 여전히 살아있는 과거의 감정을 돌아봐야 한다. 지금 이 순간이 과거와 연결되어 있다는 사실을 인식하는 것, 그것이 치유의 시작이다.

    과거 자체를 바꿀 수는 없어도 과거와 맺는 관계는 바꿀 수 있다. 과거의 상처를 부정하거나 외면하면, 여전히 방어하고, 의심하고, 반복해서 다친다. 반대로 내면을 들여다보고 그때의 감정과 패턴을 이해하고 받아들일 수 있다면, 지금의 태도는 충분히 달라질 수 있다. 즉, 나와 나 사이의 편안한 관계는 과거에 맞서거나 지우는 데 있지 않다. 과거의 나를 이해하고, 지금의 나와 화해하는 데서 시작된다. 나와의 관계 즉, 내 안의 내가 안전하고 평화로워질 때, 타인과도 건강한 거리를 만들고 진정한 연결을 시도할 수 있다. 내 안에 내재된 과거는 더 이상 삶의 발목을 붙잡는 족쇄가 아니라, 새로운 희망을 만들 에너지다.

용서는 '좋은 나'로 살아가는 첫걸음

김수정

자신을 사랑하라는 말을 많이 한다. 그 말 앞에서 자꾸 멈칫하게 된다.

과연 나는 있는 그대로의 내 모습을 사랑하고 있는 걸까?

5남매 중 셋째. '중간 아이'로 태어났다. 부모의 손길은 위로 아래로 분산되었다. 마치 샌드위치처럼 끼어있었다. 어렸을 적, 불만도 많았고 떼도 잘 썼다. 특히 밥상머리에서는 꼭 트집을 잡았다.

"왜 나만 고기 적게 줘?"
"다 똑같이 주고 있잖아."

엄마는 늘 그렇게 대답했지만, 어린 나는 납득할 수 없었다. 지금 와서 돌아보니, 단순한 떼가 아니었다. 내 방식대로 감정 표현을 했던 거다. 사랑받고 싶은 욕구, 주목받고 싶은 간절함이 삐뚤어진 방식으로 표출된 거였다. 관심받고 싶었다. 공평함이란 '양'이 아니라 '온도'라는 걸 어린 마음은 알고 있었다. 그 감정은 받아들여지지 않았다. 점점 억울함을 꾹꾹 눌러 담기 시작했다.

잊지 못할 날이 있다. 일곱 살 어느 날. 엄마가 일을 나가려고 할 때였다. 차부[1]까지 따라 나갔다. "엄마, 가지 마~~ 엉엉!" 엄마의 바짓가랑이를 붙잡고 울부짖었다. 엄마는 나의 손을 뿌리치며 얼른 버스에 올라탔다. 그 자리에서 땅바닥에 떼굴떼굴 굴렀다. 눈물범벅에 목소리까지 쉬었다. 흙바닥에 옷이 더러워지는 줄도 몰랐다. 아이는 온몸으로 표현했다. 장면이 멈춘 듯 버스 안에서, 사람들의 시선이 나를 향해 있었다. 어디라도 숨고 싶었다. 순간, 버림받았다는 감정에 휩싸였다.

집에서도 위로받긴 어려웠다. 4살 위 언니도 귀찮다며 놀아주지 않았다. 동생은 자주 아파 엄마의 관심을 독차지했다. "나는 사랑받을 만한 사람이 아닐지도 몰라." 그때부터일까. 좋은 아이

---

[1] 차부는 '버스정류장'의 제주어다.

가 되어야 사랑받는다는 믿음이 생겼다. 눈치 보고, 감정을 억누르고, 말 잘 듣는 아이가 되어야 엄마의 사랑 받을 수 있을 거라는 착각. '좋은 아이'의 가면을 쓰게 된 시작이었다. 엔간히 애쓰면서, 사랑받기 위해서는 마음속 깊이 새겨진 결핍과 외로움을 꼭꼭 숨겨 두었다. 그냥 잘 보여야 한다고. 좋은 사람이 되어야 한다고. 무엇이 그렇게 힘들었을까? 마음의 힘듦을 모래성처럼 켜켜이 쌓으며, 스스로 그 감정을 외면했다.

혹독한 사춘기를 보냈다. 살기 위해 스스로 강해져야 한다고 믿었다. 목소리도 커야 했고, 옳지 않은 일 앞에서는 쉽게 참지 못하고 정의감에 불타오르곤 했다. 강한 척, 똑 부러지는 척했지만, 사실 끊임없이 방어 중이었다. 도덕적 잣대를 들이대며 아버지를 비판했다. 정의감이라는 이름으로 분노를 정당화했다. 끊임없이 나를 증명하려 들었다. 내면은 점점 더 고립되어 갔다.

처음 집단 상담을 접하면서, 그동안 외면해 버렸던 내면 아이를 마주했다. 그때부터다. 내면 아이의 목소리에 귀 기울인 게. 꺼억꺼억 흐느끼듯 목젖이 타드는 울음을 터트렸다. 원망과 억울함을 토해내듯이. 특히 '아버지'라는 단어는 상처의 상징이었다. 누군가에겐 '아버지'라는 기억들이 따뜻하고 존경스러운 존재일지 모른다. 내가 그토록 바라던 열망이었던가? 아버지의 권위적인 행동에 늘 불만이 많았다. 아버지의 말과 행동이 일치하지 않을 때, 속에서 열불이 났다. 아버지 이야기만 나오면 눈물이 쏟아졌다. 겉으로는 아버지를 다 용서했다고 말했지만, 아직 시간이 더 필요했다.

스물여덟에 결혼했다. 남편이 내게 물었다.

"넌 왜 그렇게 아버지를 미워해?"
"겪어보면 내 마음 알게 될 거야."

누구한테도 말하지 못한 마음속 깊이 묻어두었던 상처를, 처음으로 남편에게 솔직히 털어놓았다. 어릴 적 매를 들던 아버지 이야기, 말을 듣지 않으면 당연하다는 듯 손이 올라오던 순간들. 말하니 가슴이 미어졌다. 남편은 말없이 꼭 안아주며 등을 천천히 쓸어주었다. 미움, 원망, 사랑. 다 뒤섞인 채 감정이 거센 파도처럼 한꺼번에 몰려왔다. 눈물이 폭포수처럼 터져 나왔다. 오랫동안 꽁꽁 묻어두었던 매듭 하나가 스르르 풀려나가는 기분이었다. 그 일이 내 인생의 전환점이 되었다. 지금껏 상담과 강의를 해올 수 있는 근원이 되었다.

시간이 더 흐른 어느 날, 단골 옷 가게를 간 적이 있다. 거기서 인생의 멘토를 만났다. 차를 우려 주는 언니는 겸손했다. 따라주는 차를 마다하지 않고 그냥 계속 마셨다. 등줄기에서 땀이 송글송글 맺혔다. 기분 좋은 땀이었다. 오묘한 맛이 입에 맴돌았고 차분해졌다. 다음 날 그녀한테서 전화가 왔다. 차 마시고 기분이 어떤지 물었다. 난 장난기 어린 목소리로 말했다. "언니, 갑자기 너무 착해지는데요? 다 용서가 돼요~" "아마 차가 마음을 가라앉히고 안정시켜서 그럴 거야. 속에 있는 생각들을 정리해 주거든." 보이차를 접한 지 벌써 13년. 차를 마시며 자연스레 명상이 되었다. 차와 나의 대화 속에 수많은 자아를 만났다. 칼 융이 말한 '그림자'를 좁혀갈 수 있었다. 조금씩 진짜 나에게로 다가갔다.

　요즘 나를 찾는 아버지. "언제 오냐?", "일은 다니냐?", "아고 착하다.", "아이 셋 다 육지에서 공부시키려면 돈도 많이 들고 너네 아방[2]도 대단하다." 잠시 후 또 물어본다. "일은 다니냐?", "아이들은 취업 해시냐?", "대학은 졸업 해시냐?" 아버지는 치매 진단을 받고 약을 드신다. 가끔 반찬이며 맛난 것들을 해서 드리러 간다. 친정집에 들르면, 아버지는 이야기를 더 나누기를 원한다. 어

2　아방은 '아버지'의 제주어다.

쩌면 오래전에 나는 아버지를 용서했는지도 모르겠다.

초등학교 5학년 때. 친할아버지 댁이 있는 시골로 놀러 갔다. 귀한 전복을 껍데기에서 떼어주던 아버지의 모습이 떠오른다. 그때만큼은 아버지의 사랑이 따뜻하게 느껴졌다. 지금 생각해 보면, 감정을 표현하는 데 서툴렀던 그 시대의 아버지였을 뿐이었다. 여기까지 오는 데 참 오랜 시간이 걸렸다. 좋은 사람이 되기 위해 애쓰는 대신, '좋은 나'로 살기로 마음먹었다. 너무 과하지도, 부족하지도 않게. 중용을 지키며, 나답게.

요즘은 나 자신한테 관심이 많다. 내가 좋아하는 것을 직접 사서 먹기도 한다. 5월은 자리돔이 엄청 맛있다. 초고추장에 푹 찍어 먹으면 얼마나 고소한지. 맛난 것을 먹을 때 부모님 얼굴이 떠오른다. 해드리고 싶은 마음이 저절로 생긴다. 용서란 잊는 것이 아니라 이해하는 것이다. 상처를 품은 채 걷되, 그 발걸음 속에서 따뜻한 시선을 담아가는 것. 그것이 '좋은 나'로 살아가는 첫걸음이다.

그대로의 나와 보여주는 나

김한식

"너는 왜 맨날 표정이 똑같아?"

대학교 1학년 때 봄, 친구가 무심코 말했다. 싸매어 둔 마음이 갑자기 살짝 열린 기분이었다. 감추어 둔 것을 들켰다는 생각도 들었다. 쑥스럽게 웃었지만, 속으로는 좀 싸한 느낌이었다. 도대체 언제부터였을까? 감정이 얼굴에 나타나기도 전에 가슴속으로 숨어버리게 된 건.

비교적 넉넉한 가정의 셋째. 아버지는 상업에 밝았고, 동네 이발소까지 인수해 운영할 만큼 사업 수완이 좋았다. 웃음이 넘치는 집안이었다. 어린 시절 기억 속에 있는 아버지는 사람들을 좋아하셨다. 늘 주변에 사람들이 끊이지 않았다. 저녁이 되면 술 드시고 있는 아버지를 찾으러 돌아다니곤 했던 기억이 난다. 당시 우리 집은 이웃들 사이에서도 부유한 편에 속했고, 나는 그런 배경이 특별한 줄도 모른 채 평범하게 자랐다. 어느 날, 아버지가 친구의 빚보증을 선 일이 화근이 되어 모든 것이 무너졌다. 하루아침에 사업 파산. 집안 형편은 곤두박질쳤다. '풍비박산'이라는 말이 현실로 다가왔다. 집안에는 웃음소리 대신 낮고 무거운 말들이 오갔다. 분위기도 변했다. 따뜻했던 집은 어느새 냉기가 도는 공간이 되었고, 가족들의 얼굴에서는 빛이 사라졌다. 그뿐만이 아니었다. 내 표정에도 영향을 미쳤다. 그날 이후 감정을 표현하는 게 두렵고 불편했다. 울고 싶어도 울 수 없었고, 웃고 싶어도 눈치를 봐야 했다. 감정을 드러내는 것이 미성숙하거나 부끄러운 일처럼 여겨졌다. 자연스레 감정을 억누르는 법을 몸으로 익혔다. 표정은 점점 굳어갔다. 내 얼굴에 남은 건 단 하나, 무표정.

소년기로 접어들면서 말수가 줄어들었다. 다른 친구들이 쉬는 시간마다 교실에서 떠들썩하게 놀 때, 나는 책상에 조용히 앉아 있었다. 대화에 끼어들지 않았고, 질문하면 간단하게만 답했다. 자연스럽게 혼자 있는 시간이 많아졌다. 호감을 보이며 다가오는 친구들을 일부러 피했다. 억지로 꾸며낸 인사는 힘들었다. 아무 일 없는 척 웃는 것도 피곤했다. 밝고 신나는 장조 음악보다 조용하고 어두운 단조 음악이 좋았다. 만약 내 감정을 색으로 표현한다면, 밝고 따뜻한 파스텔톤은 아니었을 거다. 회색빛이 섞인 흐린 날의 하늘, 혹은 금방이라도 비가 쏟아질 듯 먹구름 낀 날의 무채색에 가까웠다. 그렇게 무표정의 습관 속에서 자랐다. 마음속에 있는 감정을 표현하지 않는 것이 일상이 되었고, 어느덧 내 본래 성격인 양 굳어졌다. 진짜 나는 그런 것만도 아닌데 말이다.

밖으로 보이는 이런 모습과는 달리 내 마음속에는 여러 감정이 숨어 있었다. 친구들과 왁자지껄하게 몰려다니고, 장난도 치고, 웃고 떠드는…. 친구들이 부모님에게 하는 것처럼 어리광도 부리고 떼도 쓰고 싶었다. 늘 머릿속에서만 맴돌 뿐. 감정을 드러내는 게 어색했다. 뭔가 불편한 상황이 생길 것 같았다. 어릴 적부터 몸에 밴 습관이었다. 점차 여러 감정이 분출되지 못한 채 박제되어 갔다.

대학에 들어가서도 여전했다. 동기들이 붙여준 별명은 '우울이'. 명확하게 비난하는 말은 아니었지만, 내 이미지가 단적으로 드러나는 표현이었다. 불편했다. 듣고 싶지 않았다. 어느 날 문득, 이건 아니야! 변해야 해! 라는 생각이 들었다.

내적인 감정표현에 대해 심각하게 고민하게 된 계기였다. 익숙한 가면을 벗는 데는 아직 자신이 없었지만, 적어도 다르게 보이고 싶었다. 의식적으로 말수를 늘렸고, 행동도 적극적으로 했다. 누군가 농담을 할 땐 일부러 크게 웃었다. 이전 같았으면 무표정하게 넘겼을 상황에서도 의도적으로 웃었다. 가벼운 이야기에도 "그래?" 하고 맞장구쳤다. 처음엔 어색하고 불편했다. 웃고 있는 내 얼굴이 낯설었다. 억지로 나오는 말들이 나에게 어울리지 않는 옷처럼 느껴졌다. 멈추지는 않았다. 이런 모습도 나라는 생각으로.

일상생활에서도 의도적인 표정과 행동을 계속했다. 말투, 표정, 자세까지. 점점 변화가 생겼다. 사람들이 나를 대하는 태도도 조금씩 달라졌다. 어색함이 말끔히 사라진 건 아니었다. '보여지는 나'와 '그대로의 나' 사이의 거리를 조금씩 좁혀갔다. 완전한 일치는 아니었지만, 두 모습 모두가 나인 것처럼 살아갔다.

사회에 나와서는 더 그런 분위기에 익숙해졌다. 대학 졸업 후 D그룹에서 첫 직장생활을 시작했다. 직장동료와 선배들은 나의 예전 모습을 짐작도 하지 못한다. 나는 그들에게 에너지 넘치고 활발한 직원으로 평가되고 있었다. 입사 후 6개월쯤 지났을 무렵, 우리 본부의 전체 회식이 있었다. 본부장인 L상무는 약 70명의 본부 직원이 있는 자리에서 말했다. "김한식이는 됐어!" 적극적인 업무처리와 조직 생활에서 활발하고 성실한 태도에 대한 인정을 받은 거다. 갑작스러운 그의 칭찬에 당황하고 쑥스러워 머리만 긁적였다. 회식이 끝난 후 집으로 돌아오는 버스 안에서 창가에 비친 내 모습을 가만히 바라보았다. 예전에는 내 얼굴을 오래 바라본 적이 없었던 것 같다. 작지만 분명한 변화가 있어 보였다. 싫지 않았다. 그동안의 노력이 헛되지 않았구나. 스스로를 칭찬해 줬다. 잘했어!

예전과 많이 달라졌다. 지금의 나는 사람들 앞에 서는 것에 부담이나 거리낌이 없다. 인간관계를 모임으로 조직화하는데 감초 역할을 한다. 여러 모임에서 총무 역할을 하며 사람들 간의 연결고리를 만들어간다. 과거의 나를 기억하는 이들이 지금의 나를 본다면, 아마 깜짝 놀랄 거다. 한때는 조용히 구석에 앉아 대화에 끼지 않던 아이가, 이제는 웃으며 대화를 이끌고, 다른 이들의 이야기에 귀 기울이며 장단을 맞추는 사람이 되어 있다니.

지금의 나는 어떤 사람인가? 더는 '가면을 쓴 나'와 '진짜 나'를 구분 짓지 않는다. 둘 다 나이기 때문이다. 억지로 만든 보이는 나도 어느 순간부터 나의 일부가 되었다. 감추고만 싶었던, 있는 그대로의 나도 더 이상 숨기지 않는다. 진짜 나라는 이름으로 내 감정을 억누르지 않는다. 어떤 감정이든 그것을 있는 그대로 인정하는 것, 그것이 내 안의 나를 온전히 받아들이는 첫걸음임을 알게 되었다. 속상할 땐 '나 속상해!'라고 말한다. 기쁠 땐 웃음을 참지 않는다. 부끄러움을 느낄 땐 그런 내 모습마저 인정한다. 감정은 감춰야 할 약점이 아니라, 내가 살아있다는 증거다. 감정을 표현하는 것이 미성숙하거나 부끄러운 일도 아니다. 그렇게 한 걸음씩 나를 향해 걸어가며 나는 '표현하지 않던 나'와 '표현하는 나' 사이의 간격을 줄여왔다.

사람들에게 비치는 나와 나 스스로 알고 있는 나 사이의 거리는 얼마나 될까? 어떤 모습이 '진짜'인가? 때로는 그 거리만큼 혼란스럽고 힘들었다. 사람은 누구나 여러 얼굴을 지닌 존재라는 걸 안다. '가면'이라고 불리던 그 모습조차 사실은 생존을 위한 내 방식이었다. 상황 속에서 최선을 다한 표현이었다. 내 삶의 여러 국면에서 등장하는 다양한 나의 얼굴들을 이제는 다 품는다. 모두가 나이기 때문이다.

오늘 나는 어떤 '나'를 살아갈 것인가? 어제의 나보다 더 솔직한가, 더 유연한가, 더 단단한가? 중요한 것은 오늘 내가 어떤 선택을 하느냐이다. 진심을 다해 웃고, 진심을 담아 이야기하고, 마음속에서 솟아 나오는 감정을 외면하지 않는 것. 이것이 지금 내가 실천하고 있는 삶의 태도다. 나와 나 사이에는 이제 거리도 간격도 없다. 서로를 밀어내지도, 외면하지도 않는다. 외향적인 나도, 내향적인 나도, 다정한 나도, 조심스러운 나도, 모두 나다. 나는 나를 나로서 받아들일 줄 알게 되었다. 그것이 곧 '관계의 출발점'이라는 사실을. 이제는 마음 깊이 믿는다.

잃어버린 자리를 되찾는 시간

박니나

 16년 차 직장인이자, 쌍둥이 아들을 키우는 워킹맘. S 대기업에서 통·번역 업무를 맡으며 육아 중에도 영어와 불어 숙달을 위해 스터디도 하고 강의도 듣고 자기계발을 멈추지 않는 40대다.
 입사해서 30대에는 앞만 보고 경영진 통역을 맡으며 전문가가 되기 위해 전력 질주를 했다. 번역도, 통역도, 사회까지 맡으며 인정받기 위해 밤낮없이 일했다. 뒤늦은 30대 후반에 결혼하고 아이를 낳았다. 2025년 3월, 아이들의 초등학교 입학에 맞춰 휴직을 선택했다. 직장에서 쏟았던 열정을 그대로 육아로 고스란히 옮겼다. 내 계획대로 아이들이 쑥쑥 자라주길 바랐고, 꿈 같은 시간이 될 줄 알았다.

그런데 아뿔싸! 현실은 악몽이었다.

아이들은 내 계획대로 움직이지 않았다. 간식시간, 공부시간, 놀이시간까지 정해놓고 통제하려 했지만, 쌍둥이들은 내 계획표를 비웃기라도 하듯 자유로웠다. "이제 공부할 시간이야!" 하면 한 아이는 장난감을 꺼내고, 다른 아이는 배가 아프다며 화장실로 도망쳤다. 어느 날은 숙제를 안 하고 장난감을 던지는 아이를 보며 결국 나도 감정을 주체하지 못하고 소리를 질렀다. "엄마 말 좀 제발 들어줘!" 그 외침 속에는 내 쏟고 있는 노력에 대한 인정을 받으려는 욕구와 통제하려는 내 욕구가 드러난 순간이었다. 그런데 돌아오는 아이의 한마디. "엄마, 회사 돌아가!", "엄마는 왜 맨날 화만 내?" 그 말에 머리를 한 대 맞은 듯 멍해졌다.

20대의 나는 멈추지 않았다. 통역대학원 한불과를 졸업하고, 다시 한영과에 입학해 공부를 이어갔다. 30대에는 열심히 일했다. 성실했다. 하지만 지금 돌아보면, 그 열심은 인정받고 싶은 마음에서 비롯된 것이었다.

결혼 후에는 남편에게 맞추느라 애썼다. 옷, 취향, 집안의 가구 같은 사소한 것들까지도. 조화를 이루려다 보니 자꾸만 양보했고, 어느 순간 내 자리를 내어주고 있는 나를 마주했다. 자꾸 내어주는 게 이상하다는 걸 느꼈지만, 당연하게 굴러가는 삶에 묻혀 나 자신을 이해할 여유도 없었다. 내 자리, 내 존재의 공간은 점점 작아졌고, 나는 내가 누구인지, 무엇을 좋아하는지조차 희미해져 갔다.

결혼 5년 차, 스며들듯 찾아온 우울감. 모든 것이 무료했고, 기운이 빠지고, 남편과의 관계에서는 유독 불공평함만이 보였다. 모든 걸 맞추다 보니, 물건 하나 살 때조차 결정할 힘조차 내게 남아 있지 않았다. 그때는 남편이 문제라고 여겼다. 그런데 지금 돌아보니, 그보다 더 근본적인 문제는 마음의 선을 지키지 못했다는 데 있었다. 어디까지 나고 어디까지 상대인지 그 경계를 흐리며 살아왔기에, 결국 나 자신이 희미해졌다.

생일날, 그릇 세트를 나에게 선물하고 싶었다. 신랑한테 보여주며 두 세트를 소장하고 싶다고 말했다. 그런데 "접시 있는데, 뭐 하러 사? 접시 두 개만 사." 남편의 말투와 표정이 사고 싶던 마음을 무심히 눌러버렸다. 맞벌이하고 있지만, 그릇 하나 사는 것도 눈치를 봐야 했던 순간. 그날, 내 안의 무언가가 삐걱거리는 소리가 들렸다. 처음으로 자신에게 물었다. 왜 늘 선택을 앞두고 누군가의 눈치를 봐야 할까? 왜 내 마음보다 상대의 반응을 먼저 생각할까? 그 질문은 오래도록 묻어둔 감정들을 하나둘 꺼내 보게 만든 작은 균열이 되었다.

그 후, 포기했던 결정권을 되찾기로 마음먹었다. 처음엔 다소 과할 만큼 부딪혔고, 때로는 언성이 높아졌다. 나는 감히 흔들어 보기로 했다. 익숙한 평화를 깨뜨리더라도, 잃어버렸던 나를 되찾기 위해서라면, 그 진통쯤은 감수하고 싶었다.

6개월 후, 백화점에서 우연히 사고 싶었던 그릇이 할인행사 중인 것을 발견하고, "나 살 거야!"라고 외치며 보란 듯이 결제했다. 남편이 구시렁거려도 흔들리지 않았다. 그건 단순한 소비가 아니라, 나를 다시 존중하기 시작했다는 조용한 선언이었다. 나를 잃는 데 오랜 시간이 걸렸듯, 되찾는 데도 시간이 필요했다. 회복은 겉으로 드러나는 행동이나 단순한 깨달음으로 끝나지 않는다. 그만큼 나를 이해하고, 있는 그대로 받아들이는 시간이 함께 필요하다. 가장 어려웠던 건 행동의 변화가 아니라, 내 안에 다시 믿음을 세우는 일이었다. 돌아보면, 내가 그렇게 배려하고 내어주었던 건 결국 상대의 마음을 얻고 싶어서였다. 가정에서는 남편의 사랑을, 사회에서는 타인의 인정을 바라며, 정작 가장 중요한 '나 자신을 사랑하고 인정하는 일'을 잊고 살았다.

최근 휴직을 하면서, 실마리를 찾기 시작했다. 육아를 도와주시던 엄마에게 휴가를 드렸고, 자연스레 엄마와의 관계에도 건강한 거리가 생겼다. 두어 달쯤 지나, 쌍둥이들을 친정에 보내기로 한 날이었다. 엄마가 데리러 오셨고, 시간이 좀 남아 오랜만에 엄마와 함께 아이들 데리고 뒷동산에 올랐다. 예전에는 하루걸러 뵙던 사이였지만, 이제는 예배당에서 주말에 스치듯 마주치는 정도다. 그래서 모처럼 이런저런 이야기를 나누고 싶었다. 그런데 엄마는 "비닐봉지 좀 줘 봐라." 하시더니, 곧장 쑥을 캐러 가셨다. 그 순간, 나의 유년 시절이 불쑥 떠올랐다.

엄마는 항상 즉흥적으로 움직였고, 그 흐름에 맞춰야만 했다. 약속 시각을 잘 지키지 않아 엄마를 기다리는 일이 많았고, 내 감정보다 엄마의 일정이 늘 먼저였다. 그래서 나는 무기력감을 종종 느꼈고, 그런 환경 속에서 점점 '상대에 맞추는 사람'이 되어 갔다. 지금 돌아보면, 나는 늘 남을 배려하느라 나 자신을 챙기지 못한 채 살아왔다. 누가 시켜서가 아니라, 스스로 그렇게 살아왔던 거다.

지금의 나 역시, 엄마의 모습과 겹친다. 나도 즉흥적으로 계획을 바꾸곤 했다. 유연함이라 믿었지만, 누군가에겐 혼란이었을 수도 있다. 그 사실을 인정하고 마주하는 일은 쉽지 않다. 가정을 꾸리고 아이들을 키우면서, 알게 됐다. 어린 시절의 내가 지금의 나에게 많은 영향을 주고 있다는 것을. 원가정에서 풀지 못한 감정과 과제는, 결국 성인이 되어 다시 마주하게 된다. 지금 내가 겪는 갈등과 감정은, 과거로부터 온 숙제이자, 그때 미처 다하지 못했던 감정이 지금 나에게 다시 말을 걸고 있는 거다.

이번 육아휴직은 그 숙제를 다시 꺼내 보게 한 시간이다. 지금 나와 마주하고, 나를 이해하며, 내가 어떤 사람인지 천천히 알아가는 중이다. 그 여정은 단순한 '변화'가 아니라, 미완의 감정을 마무리하고 내 삶의 방향을 다시 잡아가는 시간이었다. 내가 나를 외면한 시간만큼, 이제는 나를 바라보는 시간이 필요하다. 인정받고 싶어 내준 자리들을, 이제는 내가 되찾아야 할 때다.

To heal is not to rewrite the past but to reclaim your place in the present.
치유란 과거를 다시 쓰는 것이 아니라, 현재의 자리로 자신을 되찾는 것이다.

내 안의 선함이 균형을 맞추다!

이미자

"힘들지? 힘든 게 당연하지, 괜찮은 척하지 않아도 돼!"

"힘들 땐 힘들다고 말해 줘!"

2020년 3월. 고3이던 큰아들에게 건넨 말이다. 새로운 바이러스의 공포는 수험생에게 큰 타격감을 주었다. 코비드 수험생은 강제 고립으로 철저히 자신과의 싸움을 시작했다. 심적 부담으로 힘들었을 텐데 아들은 괜찮다고 말했다. 고3 아들의 모습에서 37년 전 나의 고교 시절이 포개어졌다. '우리 엄마도 그랬을까?', '고3 딸을 보면서 어떠셨을까?'. 나는 '아들도 씨름하는데 엄마인 나도 뭐라도 해야겠다.'고 생각했다. 아들을 내 방식대로 응원하기로 했다. 그 방법은 마음속으로 꿈꿔 온 책 쓰기를 시작했다. 아들과 겹쳐진 엄마의 삶을 통해 함께 하고 있다는 것을 전하고 싶었다. 나의 엄마는 내가 30살에 돌아가셨다. 엄마가 그립고 궁금한데 아는 게 너무 없었다. 그런 아쉬움과 사무침이 〈엄마는 선물〉을 낳았다. '엄마'는 내게 희생과 온화함으로 기억된다. 나의 첫 에세이는 나의 인생을 돌아보게 했다. 아들이 걸어간 그 길이 내게도 있었다는 것을 상기시키는 즐거운 회상이었다.

성별이 다른 이란성 쌍둥이. 딸, 딸, 아들(쌍둥이 동생), 아들. 누나라는 호칭도 들어본 기억도 없다. 태어나보니 둘째가 되었다. 남아선호사상을 부모님께 느끼지는 않았지만, 한국 사회의 집단 무의식에는 둘째, 딸의 서러움이 있다. 그래서일까? 눈치가 빨랐다. '사랑받기 위해서였을까?'. 애교도 많았다. '알아서 긴다'라는 말이 있다. 그렇게 늘 괜찮은 척, 씩씩한 척하며 엄마를 위로하는 딸로 살았다. 그래서일까? 사랑도 많이 받았다. 엄마를 기분 좋게 해드리고 싶은 선한 아이의 마음과 행동은 늘 칭찬이 따랐기 때문이다. 훗날 그 어린 딸은 괜찮지 않았던 것을 알게 되었다. 그래서 고3 아들에게 힘들면 힘들다고 말하라고 했던 것이 어린 시절 나에게 한 말이라는 걸 알게 되었다. '우리 아들도 나처럼 힘들면서 엄마 힘들까 봐 오롯이 혼자 견디는 것은 아닐까?' 뇌리에 계속 머물렀다. 고3 수험생일 때 심각하게 어른인 척했던 내가 떠올랐기 때문이다. 나 또한 자신을 조용히 고립시켰다. 학교 정원의 아름다움을 보며 '세상은 저렇게 평온한데, 왜 나만 이렇게 힘든 거지?' 고3의 외로운 싸움이었다. 그런데 신기하게도 나를 기억하는 친구들은 밝고 예쁘고 자기표현을 잘하는 아이로 기억했다.

얼마 전 친구와 통화하면서 "미자, 너는 옛날에도 좀 남다르긴 했어! 네가 그때 남자 친구를 사귀고 있었잖아! 그때 영어 선생님이 너 보고 공부해야 하는데, 남자 친구는 무슨 남자 친구냐고 이야기했지. 그때 당당하게 일어나서 '우리는 그냥 친구이고 공부하는 데 아무 지장도 없다며, 왜 남자 친구 사귀면 안 되냐'고 아주 당당하게 따졌잖아! 너, 기억나지?"라고 했다. 전혀 기억나지 않았다. 친구는 말 한마디 한마디 정확하게 기억하고 있다고 장담했다.

"그때부터 넌 좀 달랐어. 다른 친구들은 너를 특이하다고 말했지만, 사실은 참 착한 애였고 나는 그런 네가 좋았었어!"라고 덧붙였다. 그렇게 기억해 준 내 친구 윤정이에게 고마움을 느꼈다. 나도 기억하지 못한 일들이 친구에게 강인한 인상을 주었다는 게 흥미로웠다. 아니 반가웠다. 내심 '역시 넌 그때도 그랬구나!' 마치 지금의 나를 증명해 주는 것 같았다.

지금 생각해 보면 무엇 때문에 그리 강한 척을 했을까 싶다. 선생님께서 사랑의 조언을 해주신 것이었을 텐데, 자기 합리화,

자기 이상화의 극치를 달렸다. 열등감이 많은 아이가 우월감으로 포장했다. 어린 시절부터 엄마나 아빠의 눈치를 많이 살폈다. 우리 집 형편에는 원하는 것은 다 할 수 없다고 생각했다. 고교 시절 미술반이었던 난 그림에 큰 재능은 없었지만, 그림 그리는 것을 좋아했다. 미술부 언니나 친구들은 모두 미술 학원에 다녔다. 학원비가 비싸서 엄마에게 학원 보내 달라는 이야기를 한 번도 하지 않았다. 그렇게 미리 알아서 포기한 것 또한 괜찮은 척이었다. 당연하다고 생각했다. 훗날 엄마에게 말이라도 '해 볼걸'이라는 생각이 들었다. 그래서였을까? 왠지 모를 답답함이 있었다. 더 넓은 곳으로 가고 싶은 마음으로 공부했다. 그러나 뜻대로 되지 않았다. 지방 대학 졸업 후 포항에서 일했다. 미래가 뻔했다. 어느 날 서울로 무작정 상경하였다. 내 안의 열정이 시키는 대로 반응했다.

중국어 한마디 못 했지만, 북경에 있는 친구를 찾아갔다. 마음속으로 '친구 보러 중국 가야지!'라고 품으면 현실로 만들었다. 거의 한 달이 넘는 시간을 친구가 기숙하는 숙소에서 거의 빌붙어 유학생 옆 여행객으로 보냈다. 겁도 없이 혼자서 택시를 타고 "워 이야오 취 얼와이" 참 제대로 알지 못해도 배우면 그냥 써먹는 그런 겁 없는 20대! 지금 생각해 보면 나름 재미있는 도전과 열정적인 20대를 보냈다. 심지어 중국 여행 중 기차 안에서 중국인이 내게 "니 쓰 헌 총밍, 헌 피아오량"이라고 말했다. 외국인이 우리말을 더듬더듬 말하면 신기하게 보듯, 그들도 그렇게 신기하게 보였겠지. 지금 생각해도 참 씩씩하고 겁이 없었다. '아프니깐 청춘이다'처럼, 그땐 미래에 대해 늘 고민하고 아파하며 살았다. 내 안에는 새로운 세계에 대한 호기심과 열정이 지금도 춤춘다.

얼마 전 아들에게 전화가 왔다.
"엄마, 휴학하고 싶어요! 무엇인가 많은 경험을 해보고 싶어서요. 다양한 경험을 해 볼 기회가 지금 밖에는 없을 것 같아요."
"엄마도 네가 그런 경험을 해보고 싶어 하는 마음이 무엇인지 이해할 것 같아! 그것도 좋은 생각이네! 네가 어떤 생각을 하든 엄마는 너를 응원할 거야!"
아들도 그렇게 세상에 뛰어들고 싶은 것을 직감적으로 느낀다. 내가 그랬듯이 너무도 자연스러웠다.

"나도 이제 당신이 해주지 않아도 내가 할 거야!"
"친구들이랑 여행도 갈 거야!"
"나는 당신에게 사랑받고 싶었어!"
40세 즈음, 남편에게 진짜 나의 마음을 발광하듯 쏟아냈다. 뜨뜻미지근한 내 삶에 대한 외침이었다. 그렇게 내 안의 열정은 또 말을 건넸다. '이제 꾸물거리지 말고 살아'라고, 누가 너를 채울 거라는 생각은 이제 그만하라고, 남 탓으로 찌질한 나, 비겁한 나를 거부하기로 했다. '아무도 보지 않는 것처럼 춤을 추라'는 글이 생각났다. 그렇게 나에게 반응하며 나를 사랑하기로 했다. 숨 쉴 틈이 생겼다. 오히려 자녀를 존중하고 거리를 두며 볼 수 있는 여유를 갖게 했다.

모든 인간은 자기 방식대로의 삶을 살아낸다. 자신을 존중하는 사람이 타인도 사랑할 수 있음을 깨닫는다. 가장 힘들었다고 생각했던 고3을 누구나 겪는다. 첫 고비에 불과했다. 인생은 오르락내리락 고비 고비가 있다. 그래도 다 지나간다. 이제 그냥 흘려보내지 않고 기울이자고 결정했다. 내 안에 있는 부정적인 감정이 올라올 때마다 외면하게 되면 나를 돌보는 일은 영영 없게 된다. 나를 돌보는 시작은 내 안에서 꼼지락거리는 열정에 대한 기울임이다. 어린 시절 늘 괜찮은 척한 나를 사랑하고 돌보며 마음속에 방치한 꿈들을 이뤄가니 행복하다. 내 삶의 의미를 부여하며 살아간다. 우리 아들들의 삶에도 나처럼 꽃이 필 것을 믿는다.

괜찮은 척도 나보다는 남을 배려한 선함이다. 이제, 나를 존중하는 선함과 균형을 맞추며 살아간다. 사랑은 조건이 아니라 존재임을, 이제 더 이상 센척하지 않는다. 도움이 필요하면 말하고, 하고 싶은 일이 있다면 그걸 인정한다. 그것이 바로, 있는 그대로의 나와 너를 사랑하는 것임을,

오늘도 이렇게 말을 건넨다!

"오늘은 괜찮니? 힘들면 잠시 쉬어가도 돼!"

"무엇이 속상한지 다시 한번 너에게 물어봐!"

아무도 나를 돌보지 않는 날에는

이은정

좋은 사람이 되고 싶었다. 나를 붙잡고 놓아주지 않던 말이다. 사람들이 나를 어떻게 생각할지, 얼마나 마음에 들지. 끊임없이 눈치 보며 살았다. 스무 살 무렵, 부탁은 곧잘 들어주고, 분위기는 빠르게 파악했다. 불편한 상황이 생기면 먼저 나서서 정리했다. 동기들은 내게 말했다. "정말 배려심 깊다." 그 말이 좋았다. 어느새 과 대표 역할에 더 몰입했다. 더 열심히, 더 열정적으로. 이상하게도 마음 어딘가가 자꾸 허전했다.

'나는 배려했는데, 왜 그녀는 나를 챙기지 않을까.'
'나는 그의 감정을 헤아렸는데, 그는 내 기분 따윈 모른다.'
'나는 좋은 사람이었는데, 왜 이렇게 외롭지?'

감기 몸살에 열까지 올랐다. 몸이 휘청거릴 정도였지만, 평소처럼 출근했다. 새벽부터 조합원 어르신 한 분이 오셨다는 연락을 받고, 외투를 챙겨 급히 사무실로 향했다. 하루 종일 맥없이 버텼고, 결국엔 사무실 한쪽에 주저앉듯 쓰러졌다. 아무도 내 상태를 알아채지 못했다. 주말 당직, 혼자 근무하던 날이었다.

퇴근길, 휘청거리며 집으로 돌아가는데, 눈물이 났다. 내가 이렇게 아픈데, 아무도 몰라주는지. 마음 한켠에서 메아리가 들렸다. '네가 말 안 했잖아. 웃으면서 괜찮다고 했잖아.' 걸음을 멈췄다. 맞는 말이었다. 아픔을 감춘 건 나였다. 괜찮은 척, 아무렇지 않은 척, 애써 웃은 것도 나였다. 그 순간, 뼛속까지 파고드는 깨달음 하나. 아프면, 아프다고 말해야 한다! 내가 감추면 세상은 모른다. 아무도 알 수 없다.

오랫동안, 내 진짜 감정을 보여주지 않는 게 미덕인 줄 알았다. 도움받기보단 돕는 사람이 되어야 한다고 믿었다. 어디를 가든, 누구를 만나든, 내 얘기는 꺼낼 수 없었다. 도리어 그들의 고민을 듣고, 안아주고, 격려해 주기 바빴다. 어느 날, 지인 만나고 집에 돌아오는 길. 이유 없이 마음이 허했다. 목덜미가 서서히 뜨거워졌다. 눈가가 찌릿하더니 이내 시야가 흐려졌다. 입술을 꾹 다물었지만, 울컥함은 숨기지 못했다. 눈물 한줄기가 조용히 뺨을 타고 흘렀다. 세상이 멈춘 듯했다. 아무 소리도 들리지 않았고, 숨조차 쉬기 힘들었다. 가슴 한가운데를 무언가가 꾹 누르고 있는 듯했다. 울고 있다는 사실이 부끄러워 고개를 숙였다. 이미 눈물은 목덜미까지 주르륵 흘러내렸다. 차갑고, 따뜻하고, 간지럽고, 무거운. 여러 감정이 한꺼번에 밀려왔다. 울음을 삼키려 했지만, 소리 없는 흐느낌이 자꾸만 목을 타고 올라왔다. 문득 이런 생각이 들었다. '아, 이건 내가 아니라, 내 마음이 우는 거구나.' 그제야 울게 내버려둘 수 있었다. 내가 할 수 있는 유일한 일이었다.

사실 그땐 몰랐다. 사람들과의 관계에 지쳐 쓰러진 줄만 알았지, 정작 나를 힘들게 한 건 내 감정을 돌보지 않은 삶이었다는 것을. 곰곰이 떠올려 보니, 감정을 억누르는 건 오래된 습관이었다. 아마 초등학교 저학년 때부터다. 동생과 다투고 울먹이며 억울함을 털어놓았을 때, 엄마가 말했다. "그깟 일로 왜 울어? 네가 누나잖아. 참아야지." 가슴에 박혔다. 그날 이후, 슬픔이 올라올 때마다 먼저 속으로 되뇌었다. '이 정도는 참아야지.' 그렇게 배워갔다. 감정보다 이성을, 표현보다는 절제를 선택하는 법을. 어느새, 감정을 드러내는 건 나약함이라고 생각하며 자랐다.

신협에 근무할 때다. 신입 때부터 교육이란 교육은 다 받았다. 당직도 자청했다. 퇴근 후엔 동네를 돌며 조합원들의 안부를 살폈다. 사람들의 얼굴을 익히고, 상황을 기억하며, 필요할 때 곁에 있었다. 어느 날, 누군가 말했다. "너는 정말 신협에 꼭 필요한 사람이야." 그 말이 좋았다. 어쩌면 필요한 사람이라는 말 한마디에 모든 걸 걸었는지도 모른다. 누군가에게 반드시 있어야 하는 존재! 내 존재 가치를 증명하는 유일한 방법이라 여겼으니까. 더 열심히, 더 많이, 더 먼저 움직였다. 야근해도 불평하지 않았다. 몸이 지쳐도 영양제 하나 없이 기쁜 마음으로 출근했다.

어느 날, 이사회에 제출된 인사 평가서 한 줄이 나를 무너뜨렸다. '적극적인 면은 있으나, 자기주장이나 존재감이 뚜렷하지 않음.' 열 번도 넘게 읽었다. 내가 애써온 모든 시간이 한순간에 허물어지는 기분이었다. 모든 걸 놓고 싶었다. 아무에게도 연락하지 않았다. 핸드폰을 꺼놓은 채 이틀을 누워 있었다. 그제야 내 마음을 들여다볼 수 있었다. 하고 싶었지만 꺼내지 못했던 말들, 꾹꾹 눌러 삼켰던 감정들, 혼자 울고 싶었던 밤들… 늘 괜찮다고 말하느라 외면했던 마음의 조각들이 하나씩 떠올랐다.

매일 아침, 거울을 보며 나에게 물었다. 너 오늘은 진짜 괜찮아? 대답은 날마다 달랐다. '좀 불안해', '어제 일이 자꾸 떠올라서 마음이 무거워.', '사실, 조금 외로워.' 놀라웠다. 내 감정을 인정하고 말로 꺼내는 것만으로도 마음이 한결 가벼워졌다. 내가 나를 알아봐 주는 게 이런 거구나! 처음엔 어색했지만, 곧 익숙해졌다.

요즘은 감정이 올라올 때마다 스마트폰 메모장을 연다. '통화 중 남편의 말이 상처였다. 내 의견을 존중받고 싶었는데, 가볍게 넘겨졌다.' 이렇게 마음 노트를 쓰고 나면 감정이 조금은 정리된다. 예전 같았으면 아무 말 없이 삼켰을 그 감정들이 지금은 내 안에서 존중받고 있다는 느낌이다.

"감정을 억제해야 어른이지."

어릴 적, 엄마에게 수도 없이 들었던 말이다. 그 말을 그대로 믿었다. 감정을 참는 것이 성숙함이고, 슬픔을 삼키는 것이 강함이라고 여겼다. 하지만 억눌러진 감정은 사라지지 않았다. 모양을 바꿔 되돌아왔다. 우울이 되고, 분노가 되고, 무기력이 되어 내 삶을 조용히 잠식했다. 매일 내 감정을 돌본다. 복잡하거나 거창하지 않다. 감정 일기를 쓰거나, 산책하며 내 마음에 말을 건넨다. '오늘 그 말, 진짜 기분 나빴지. 그래도 참았네. 잘했어.' 누군가 나를 안아주지 않아도 괜찮다. 내가 나를 알아봐 주는 것만으로도 하루를 견딜 수 있으니까.

어쩌면 누군가는 말할지도 모른다. "그렇게 감정만 들여다보면, 오히려 나약해지는 거 아니야?" 과연 그럴까? 단언컨대, 감정을 돌보는 건 나약해서가 아니다. 살아남기 위해 꼭 필요한 힘이다. 이제 나는 '무조건 착한 사람'으로 살지 않는다. 싫은 건 싫다고 말하고, 지칠 땐 한 걸음 물러설 줄도 안다. 예전엔 이기적으로 느껴졌던 그 말과 행동이 나를 지키고, 관계를 더 건강하게 만든다. 나를 돌보는 만큼 타인과 더 따뜻하게 연결될 수 있다는 걸 비로소 알게 되었다.

하루 중 단 3분이라도 괜찮다. 고요히 앉아 나에게 묻자.
"너, 오늘 진짜 괜찮아?"

처음엔 어색할 수 있다. 별일 아니라고 넘기고 싶은 마음도 들 거다. 그 순간 떠오르는 감정을 그대로 느끼고, 잠시 머물러보자. 그리고 가볍게 적어보자. '좀 외로워.', '오늘 그 말에 마음이 쿡 찔렸어.', '괜찮은 줄 알았는데, 사실은 속상했어.' 그건 유치한 징징거림이 아니다. 내 안의 삶이 나에게 말을 걸고 있는 거다. 작은 신호에 귀 기울이는 연습. 그게 바로 감정을 돌보는 첫걸음이다. 감정은 약함의 증거가 아니다. 살아 있다는 가장 확실한 증거다. 내 마음이 반응하고 있다는 건, 아직 나를 포기하지 않았다는 뜻이기도 하다. 감정을 외면하지 않는 일이야말로 내 삶을 지키는 가장 단단한 출발점이다. 아무도 알아주지 않아도 괜찮다. 그 감정을 알아주는 단 한 사람, 바로 내가 되어주는 것. 그것이면 충분하다.

마음을 빌려준 날들

이향숙

"전화 통화 가능하니?"
"누구세요?"
"○○이야."
"죄송한데, 누군지 모르겠어요."
"이향숙 씨 아니세요?"

2022년 10월, 낯선 번호의 문자. 내 핸드폰에 저장되어 있지 않은 번호였다. 스팸인가? 잠시 망설였다. 전화해도 되냐는 메시지에 답장을 보냈다. 그녀는 달리기를 잘했던 초등학교와 중학교를 함께 다닌 동창이었다. 절친은 아니었지만, 여고 졸업 후 아주 가끔 지역 친구들 모임에서 얼굴을 보던 사이였다. 네다섯 명이

다방에 모여 차를 마시며 수다를 떨었다. 스무 살 무렵에는 나이트클럽에 가본 적도 있고, 관광버스를 타고 벚꽃 구경을 다녀온 적도 있었다. 세상 물정 모르고 겁이 많던 시절, 화려한 불빛 조명과 유행하던 흥겨운 음악에 몸을 흔들며 춤을 추고 놀았던 그 시절, 우리는 그렇게 젊었다.

다행히도, 오늘날 기승을 부리고 있는 보이스피싱이 아닌 것을 확인하고 나니 안심이 되었다. 잘 지냈냐고 안부를 묻더니 이야기를 꺼낸다. 최근 뇌출혈로 쓰러져 죽을 고비를 넘겼다며, 수술 후 회복 중이라고 죽음 앞에서 내 생각이 났다고 했다.

1993년에서 1994년 사이. 스물다섯에서 스물여섯 살쯤 되었을 때의 일이다. 여고를 졸업하고 서울 대방역 근처 건설회사에서 일하고 있었다. 그녀는 결혼해서 아들이 둘이라고 했다.

핸드폰이 없던 시절, 근무 중에 그녀가 회사로 전화를 걸어왔다. 남편이 사업을 하고 있는데 급하게 오백만 원이 필요하다고 했다. 친한 친구들은 일찍 결혼해서 경제활동을 하지 않고 있던 터라, 유일하게 미혼인 내게 어렵게 말한 거였다. 그녀도 돈 얘기를 꺼내는 게 쉽지 않은 눈치였다. 나 역시 오백만 원이라는 큰돈을 가지고 있지 않았다. 그녀는 3개월만 쓰겠다며 애원하듯 사정했다. 학창 시절 기억으로는 어려운 가정환경은 아니었는데. 그녀는 재촉하듯 곧 자금이 들어올 때가 있다고 했다. 가진 돈이 없다고 다시 한번 말했지만, 간절함에 대출을 받아 빌려주기로 했다. 주거래은행에서 오백만 원을 대출받아 그녀의 통장으로 이체. 그녀는 3개월만 쓰겠다고 했고, 이자는 내가 원하는 대로 주겠다고 했지만, 사실 나는 은행 대출이자만 받으려고 했다. 그녀를 믿었으니까.

첫 달, 대출이자 십만 원이 통장으로 들어왔고, 이후로는 이자가 들어오지 않았다. 내가 매달 대출이자를 갚아야 했다. 섭섭한 마음보다 오죽하면 그럴까 싶어 몇 달은 그냥 무작정 기다렸다. 시간이 흐르면서 빠듯한 월급에 이자가 부담스러워지기 시작했다. 용기를 내어 전화를 걸었으나 받지 않았다. 마음이 다급해졌다. 결혼한 동생에게 돈을 빌려줬다고 연락을 받지 않는다고 도움을 요청했다. 그녀의 친정집으로 찾아가니 아이들은 손님 온 것을 마냥 좋아했다. 그녀는 지쳐 있었다. "내가 너에게 면목이 없다."라고 말을 건넸다. 화가 났지만, 딱한 마음에 약속을 지키라고 말하고 돌아왔다. 그 후로도 약속한 날짜에 갚지 않았다. 모진 마음을 먹고 그녀의 집으로 다시 찾아가야 했다. 결국 2년 만에 대출금을 갚을 수 있었다. 그 후 연락이 끊겼다.

30년 가까운 세월이 지난 뒤, 그 동창으로부터 연락이 왔다. 죽을 고비를 넘기면서 내 생각이 났다며 미안했고 고맙다고 했다. 그 말을 들으니, 나도 모르게 가슴이 찡해졌다. 이미 잊고 있었는데, 전화해 줘서 고맙다고 말하며, 앞으로 가끔 안부를 전하며 지내자고 했다. 통화가 끝나자마자 바로 "정말 고맙다, 친구야."라는 문자를 보내왔다. 이상하게도 마음이 따뜻해졌다.

누군가가 나에게 돈을 빌려달라고 하면 거절해야지! 마음속으로 나 자신과 약속하듯 다짐해 왔다. 막상 가족이든 타인이든 나에게 부탁을 해오면 쉽게 거절하지 못한다. 오죽하면 나에게 그런 부탁을 할까? 나한테 부탁하려고 얼마나 망설였을까? 그 순간의 다급함이 나를 움직이게 하는 것 같다. 나의 이런 행동은 아마도 아버지를 닮은 것 같다. 아버지는 돈이 생기면 엄마에게 다 주고, 담배와 술값을 잔소리 들으며 엄마에게 받아 갔다. 어린 마음에 아빠가 안쓰러웠다.

아버지는 5형제 중 넷째, 부모님을 일찍 여의었기 때문에 가끔 술에 취한 날이면 '어머니'를 그리워하며 자식들 앞에서 우셨다. 그래서 그런 걸까? 부모님을 대신하여 넉넉하지 않은 형편 속에서도 형제들을 생각하는 마음이 컸다. 바로 위 큰아버지가 땅문서를 훔쳐 가 노름으로 날려도 싫은 소리 한마디 하지 않으셨다. "그들이 밉다." 소리 한번 하지 않고 묵묵히 갚았다. 이런 모습을 보고 자라면서 '아버지처럼은 살지 말아야지' 다짐했지만, 결국 7남매 중 절반 이상이 아버지를 닮았고, 그중에서도 나는 그 마음

마저 닮아버렸다. 그 사실이 씁쓸하게 느껴진다.

 오십이 넘어 매월 나가는 상담실 월세 부담을 줄이고자 작은 오피스텔을 샀다. 한푼 두푼 모아둔 금액으로는 부족했고, 돈을 빌려야 했다. 오피스텔 담보로 대출받을 수도 있었지만, 대출은 부담스러웠다. 살아오면서 단 한 번도 내가 필요해서 남에게 돈을 빌려달라고 말해 본 적이 없었다. 물론, 친구나 친정 오빠의 사업 자금을 빌려주기 위해 대출을 받은 적은 있었지만. 부족한 돈을 빌릴 대상자는 친정엄마. 막냇동생에게 엄마 자산이 얼마나 되는지 확인했다. 처음으로 엄마에게 돈을 빌려달라고 말했다. 평생 부탁 한 번 하지 않던 내가 처음으로 손을 내밀었던 순간이었다.

 "엄마! 오피스텔을 사려고 하는데 돈이 조금 부족해."
 "나 돈 없다."
 "1년만 쓰고 갚을게."

 은행보다 이자를 조금 더 주겠다고 하고 결국 삼천만 원을 빌렸다. 꼬박꼬박 매달 이자를 주다가 어느 순간 이자가 밀리기 시작했다. 갚겠다고 한 기일도 훌쩍 넘기고 말았다. 엄마는 내게 직접 말하지 못하고, 동생들에게 하소연하신다.

사람 마음이라는 것이 처한 상황에 따라 변할 수 있다는 것을 경험하게 되었다. 사정이 어려웠던 누군가를 돕는 것과 내가 어려운 상황에서 도움을 받는 건 감정의 결이 다르다는 것을. 친정엄마에게 돈을 빌릴 때는 고마운 마음이 들었고, 가능한 한 빨리 돌려드려야겠다고 생각했다. 고마움은 시간이 지나면 흐려지고, '빨리 갚아야지' 다짐했던 마음의 순위는 자꾸 뒤로 밀렸다. 9월에 타는 적금은 친정엄마에게 빌린 돈을 갚겠다고 정했다. 급한 다른 일이 생기면 또 우선순위가 바뀔 수도 있겠지만, 지금은 그렇게 마음먹고 있다.

누군가의 부탁을 거절하지 못하는 이유는 다양하겠지만, 단순히 '싫은 소리'를 듣기 싫어서만은 아니다. 냉랭한 반응이 두려워서도 아니고, 착한 사람이 되고자 하는 것도 아니다. 때로는 오지랖이라고 생각할 수도 있지만, 결국 나도 그 다급함과 용기에 거절하지 못하는 마음이 생긴다. 그로 인한 대가는 마음의 고생으로 이어지고, 점차 상대방과의 거리를 두게 되는 경우도 생긴다. 진심으로 거절할 수 있는 용기, 그것 또한 관계의 온도다. 누군가의 부탁 앞에서 마음이 흔들릴 때, 이제는 한 걸음 물러서서 내 마음의 온도를 먼저 들여다본다. 무조건적인 수용도, 무심한 거절도 아닌, 나와 너의 마음이 함께 존중받는 건강한 관계. 그 균형을 배워가는 것이, 내가 나와 맺는 관계의 첫걸음이 아닐까?

괜찮은 척의 끝에서 내가 무너졌다

임해숙

"나는 왜 사람들에게 거절당하는 게 이렇게 무서울까."

오래전부터 내 안에서 반복되던 질문이었다. 예전부터 사람들의 표정을 지나치게 살폈다. 누군가의 얼굴이 잠시 굳어지면, 속으로 조용히 자책했다. 내가 말실수를 했나? 방금 내가 불편하게 했나? 내 마음은 언제나 상대의 반응 앞에서 움츠러들었다. 그런 사람이었다. 늘 조심하고, 늘 괜찮은 사람처럼 행동하고, 늘 누군가에게 잘 보이려 애쓰는 사람.

몇 해 전, 강연을 마치고 내려오는 길이었다. 내 이야기에 박수를 보내주던 한 사람의 표정이 유독 무표정하게 느껴졌다. 돌아오는 차 안에서 자꾸 떠올랐다.

"혹시 내가 지루하게 했던 걸까?"

"나 때문에 시간 낭비했다고 생각한 건 아닐까?"

그날 밤, 잠들지 못하고 휴대폰 메모장에 반성문처럼 글을 적었다. 좀 더 따뜻하게 인사했어야 했는데. 조금 더 웃으며 대답했어야 했는데. 그 사람은 단지 피곤했을 수도 있고, 나와 아무 상관 없는 감정일 수도 있었다. 나 자신을 향해 가혹한 잣대를 들이댔다. 사람들의 반응이 곧 나의 가치라고 믿었다.

얼마 전 생일 모임. 여럿이 둘러앉아 웃고 떠들며 옛 얘기 나누던 중, 한 사람이 내게 농담처럼 말했다.

"넌 원래 좀 예민하잖아. 그런 건 그냥 넘겨야지."

"내가 또 그렇지 뭐~"

웃어넘겼다. 분위기를 깨고 싶지 않았다. 낙엽 지듯 가볍게 보였지만, 내 마음엔 생각보다 깊게 스며들었다. 말끝에 섞인 무심함, 장난인 듯 아닌 듯한 평가. 웃는 얼굴로 받아냈지만, 가슴 한쪽이 저렸다. 집으로 돌아오는 길에 문득 이런 생각이 들었다. 정말 내가 예민한 걸까. 아니면 그런 말에 웃어주는 내가 바보인 걸까. 그 누구도 상처를 주려 한 건 아니었는데. 하루 종일 내 안에선 작고 날카로운 감정이 무언가를 긁는 듯이 계속 신경이 쓰였다.

가벼운 한마디가 마음 한가운데에 내려앉는다. 농담처럼 던진 말이 자꾸 생각난다. 괜찮은 척했지만 속은 서서히 무너진다. 내가 예민한 건지도 모르겠다. 이 정도는 그냥 웃고 넘겨야 하는 거 아닐까도 생각했다. 스스로를 자꾸 설득하다 보면 어느 순간, 내 안에 있는 '진짜 나'는 점점 작아진다. 잠시 멈춰 나 자신에게 말했다. "오늘 너, 정말 많이 애썼구나. 상처 난 맘까지 꾹 눌러가며 버틴 너, 정말 대단했어." 누군가의 말보다 내가 나에게 해주는 이 한마디는 나를 다시 일으켜 세웠다.

한 번은 온라인 회의 중, 함께 일하는 지사장이 말했다. "말씀이 좀 장황했던 것 같아요" 표정은 담담했고, 목소리는 정중했다. 순간 목뒤가 뜨거워졌다. 종일 머릿속을 맴돌았다. 장황했다는 건 집중 못 했단 소리인가? 다시 기회를 잡기 어려울까? 이성적으로는 건설적인 피드백이었고, 누구나 받을 수 있는 말이었다. 나의 능력 부족이나 인정받지 못한다고 해석했다. 그날 저녁, 회의 녹화를 다시 틀어보며 내가 말을 얼마나 길게 했는지, 문장 구성은 어땠는지를 분석하듯 들여다봤다. 거절당한 것도, 비난받은 것도 아니었다. 내 안의 예민한 촉수가 그것을 곧바로 거절로 해석한 거다.

그렇게 살아왔다. "나를 좋아해 줘, 제발 싫어하지 마." 내 안의 작은 나는 늘 이렇게 외치고 있었다. 그 소리를 외면한 채 좋은 사람의 역할을 계속했다. 웃고 있었지만, 마음은 울고 있었다. 다정해 보였지만 내 감정은 종종 무시당했다. '관계의 온도계'가 되어 있었다. 누군가가 차갑게 대한다고 느끼면 내 마음은 얼어붙었고, 누군가가 뜨겁게 대하면 나 자신을 태워 가며 맞춰주었다.

어느 날, 거울 앞에 선 나에게 질문했다. 나는 누구에게도 잘 보이지 않아도 괜찮은 사람일까? 한참 동안 대답하지 못했다. 내 마음의 가장 깊은 곳을 건드렸기 때문이다. 내가 정말 두려워했던 건 거절 자체가 아니었음을 이제야 안 거다. 거절당한 후, 내가 쓸모없는 사람이라고 느끼는 감정이었다. 두려움의 뿌리는 생각보다 오래갔다. 어릴 적엔 칭찬받을 때만 사랑받는다고 믿었다. 혼날까 봐, 미움받을까 봐, 항상 긴장하고 착한 아이의 가면을 썼다. 지금은 어른이 되었지만, 여전히 타인의 인정을 먹고 산다. 내가 나를 인정하지 않으니, 타인의 인정이 생존의 조건이 됐다. 달리 생각해 본다. 진짜 관계는 사랑받기 위해 애쓰는 관계가 아니라 있는 그대로의 나를 존중받는 관계라고. 내가 나를 소중히 여길 때 타인의 감정에 덜 흔들린다. 내가 나를 따뜻하게 품을 때 세상의 온도에 휘둘리지 않으니까.

'관계의 온도는 상대가 정하는 것이 아니라 내가 나에게 허락하는 온기에서 시작된다.'

마음에 새긴 문장이다. 사람들과 관계를 천천히 조절한다. 뜨거운 관계에 너무 가까이 다가가면 타지 않게 조심스럽게 거리를 둔다. 차가운 관계에 너무 오래 머물지 않게 내 마음을 덜 시리게 안아준다. 무엇보다 나 자신과의 관계를 가장 먼저 돌본다. 그리고 내 안의 작은 아이에게 조용히 속삭인다.

'거절당해도 괜찮아.'

'인정받지 않아도, 너는 이미 충분히 소중한 사람이야.'

혹시 지금 거절이 두려운가? 혹시 인정받지 못하면 내 존재가 흔들릴까 봐 불안한가? 괜찮다. 상처 속에서도 잘 살아왔다는 증거니까. 잊지 말아야겠다. 난 아무 조건 없이도 충분히 가치 있는 사람이라는 것을. 나의 존재는, 누군가의 반응으로 측정되지 않는다는 것을. 세상의 온도에 맞추려 애쓰기보다 내 안의 온기를 지켜내는 삶을 살아보련다. 진짜 관계는, 그렇게 시작되니까.

나를 사랑하는 습관

조시원

"나는 자연인으로 살고 싶다!"

남자라면 한 번쯤 품어봤을 로망이다. 아침엔 닭이 울고, 낮엔 텃밭을 가꾸고, 저녁엔 별을 바라보며 막걸리 한잔. 나 역시 그러했다. 젊은 시절부터 자연인 프로그램을 보며, 언젠가는 산속 어딘가에 터를 잡고 살리라 다짐하곤 했다. MBN 〈나는 자연인이다〉, EBS 한국기행 〈골라듄 다큐〉를 즐겨 봤다. 내 로망의 교과서랄까. 도시의 소음과 일상의 반복에 지칠 때면 그 화면 속 초록빛이 나를 위로해 주었다.

휴가철이면 와이프와 함께 경남 산청 동의보감촌, 구례, 하동, 지리산 자락을 누볐다. 때론 펜션에 머물며, 때론 차박으로. 그때마다 "여보, 여긴 어때? 여기 살면 좋겠다"는 말을 습관처럼 뱉었다. 아내는 웃으며 대답했다. "살긴 누가 살아. 당신만 신났지."

2020년, 코로나19로 세상이 멈춘 해. 사람도 만나기 어려웠고, 마음은 점점 답답해졌다. 어느 주말, 지인과 함께 홍천강 인근 잘 아는 형님 텃밭에 놀러 갔다. 텃밭에서 직접 딴 고추, 가지, 상추를 곁들여 점심을 먹으며 내가 전국을 누볐던 경험을 털어놓았다. 말이 끝나자마자 형님이 말했다.

"야, 땅 보러 가자!"

"땅이요?"

"그래, 너 같은 놈은 땅을 봐야 돼."

그 길로 따라나섰다. 굽이굽이 산길을 지나 홍천 남노일리에 도착했을 때, 나는 확신했다.

'바로 여기다.' 홍천강이 내려다보이고, 바람은 시원했다. 하루 만에 아내를 다시 데려왔다. 그리고 456평. 내 인생 첫 '자연인 예행 연습장'을 품에 안았다.

그날 이후, 주말마다 나는 그 땅에 간다. 땅을 고르고, 비닐을 씌우고, 모종을 심었다. 고구마, 감자, 옥수수, 상추, 대파, 가지, 수박, 아로니아, 사과나무까지. 맨손으로 흙을 만지고 땀을 흘렸다. 그렇게 흙과 가까워질수록 나 자신과도 가까워졌다.

기억에 남는 어느 초여름 날이었다. 그날은 유난히 마음이 지쳐있었다. 건강 상담 중 들은 힘든 사연들과 갑작스러운 친구의 부모님 장례식 소식에 마음이 무거웠다. 일이 많았고, 일정에 지쳤고, 기운이 없었다. 그래도 홍천에 갔다. 아무 말도 없이 밭에 앉아 씨를 뿌렸다. 씨앗 하나, 둘. 그렇게 한 시간쯤 흘렀을까. 옆에선 벌레가 기어가고, 바람이 뺨을 쓰다듬고, 작은 참새들이 날아와 지저귄다. 그때였다.

'그래, 이게 사는 거지.' 아무도 나에게 잘 살고 있다고 말해주지 않아도, 이 땅 위에 내가 존재하고 있다는 사실만으로 충분히 위로받을 수 있었다. 회복은 거창한 것이 아니었다. 내가 나를 포기하지 않는 순간, 회복은 시작된다.

여전히 바쁘다. 건강 강의, 워크숍, 상담이 이어진다. 한 번은 서울의 한 복지관에서 '밥상바꾸기' 강의를 하고 있었는데, 강의가 끝나고 한 아주머니가 다가오셨다. "선생님, 저 요즘 남편이랑 말도 안 섞고 살아요. 밥도 그냥 대충 해요. 근데 오늘 선생님 강의 듣고, 저녁엔 다시 따뜻한 국 하나 끓여봐야겠다는 생각이 들었어요." 가슴이 찡했다. 한 그릇의 밥이, 한 사람의 말이, 누군가의 마음을 되살릴 수 있다는 사실. 내가 하는 일이 누군가의 삶을 조금이라도 따뜻하게 만든다면, 그것만으로도 내가 살아가는 이유가 되지 않을까.

어느 토요일 아침. 대학 친구 동연이가 오랜만에 카톡이 왔다. 시간 내서 친구들과 관악산에 같이 가자고. 반가움에 어디서 몇 시에 만날지 약속을 잡았다. 사당역 6번 출구 9시 출발. 친구들 만난다는 기쁨에 이번 주 홍천은 물 건너갔다. 같은 서울에 살아도 1년에 한두 번 보기 어려운 친구들이다. 반가웠다. 서로의 얼굴을 보면서 왜 너는 안 늙냐고 서로를 위로했다. 등산로 입구 가게에서 정상에서 마실 막걸리와 안주로 족발도 샀다. 각자 물과 기본 먹거리를 준비해 왔다. 머뭇거림 없이 자연을 즐겼다. 사는 얘기, 자식들 얘기하며 남자들의 수다가 이어졌다.

"너는 바빠서 좋겠다." 공무원 퇴직 한 친구가 얘기를 꺼낸다. 그는 몇 달 쉬면서 여행도 하고 그동안 못했던 것들을 하며 즐겼는데 그것도 잠깐. 백수 적응이 어렵다고 토로했다. 시골에서 살고 싶지만, 여건이 안 되어 귀농도 못 하고 따분하게 하루하루를 보내는 것이 지겹다며 하소연했다. 맞장구치긴 했지만, 쉬는 주말이 더 바쁠 때가 많다. 한 달의 절반은 전국 출장을 다닌다. 서울 등 전국 각 지역 센터에선 여전히 내가 필요하다. 한 달에 한 번씩 다양한 프로젝트를 진행하기 때문이다. 한 달이 어떻게 가는지 정신없이 지나간다. 매월 회사 행사를 하다 보면 일 년이 후딱 지난다. 왜 이렇게 바빠 살아야 하지? 가끔은 나에게 이런 질문을 한다. '60대에 일하면 성공이다'라는 친구들의 우스갯소리에

위안이 된다. 일할 수 있음에 감사하며 하루를 마감한다.

주말마다 홍천에 농원을 꾸린 지 3년째. 여러 가지를 심었다. 고구마, 감자, 옥수수, 들깨, 상추, 고추, 가지, 시금치, 쪽파, 대파, 오이, 참외, 수박 등. 제초제, 농약, 비료 없이 퇴비만으로 가꾸었다. 천연 벌레 퇴치 주말농장을 가꾼다는 게 쉬운 일은 아니었다. 1년 2년 지내보니 힘도 들고 꾀도 나고 취미가 아닌 노동이었다. 그럼에도 여전히 놓질 못한다. 올해는 5년 된 사과나무 10그루, 1년생 대추 묘목 10그루, 아로니아 나무 등을 200평에 심었다. 3년간 돼지감자 싹이 번져 밭이 무성하다. 여름풀과의 전쟁에서 이기기 위해 잡초 매트를 깔았더니 조금은 맘이 편해졌다. 힐링을 위해 해먹도 설치했다.

오랜만에 파라솔 아래서 금학산을 바라본다. 거하게 차린 나물 반찬, 고등어 김치찜, 미역국으로 육체와 마음의 건강도 챙겨본다. 어깨춤이 절로 난다. 밤이 되자 쏟아지는 은하수. 동심의 세계로 돌아간다. 풀벌레 소리에 잠들고, 새소리에 아침을 맞이했다. 나만의 공간에서 마음을 들여다본다. 나를 사랑하는 시간이다.

사람이 사랑이다. 건강이 사랑이다. 감사가 사랑이다. 행복이 사랑이다. 그리고, 나를 있는 그대로 받아들이고, 나답게 살아가려는 의지가 사랑이다. 내가 나를 사랑하기 위해 선택한 습관은 단순하다. 가끔은 도시를 벗어나 자연 속에서 나를 마주하는 것. 가끔은 친구들과 수다 떨며 지금 여기에 집중하는 것. 가끔은 아무것도 하지 않고 하늘을 바라보는 것. 사랑은 거창한 것이 아니다. 내가 지금 어떤 마음으로 사는지, 무엇을 바라보며 살아가는지에 따라 사랑의 온도는 달라진다.

60대들이여! 하고 싶고, 꿈꾸고 싶은 것은 지금 당장 꿈꾸자. 가고 싶은 곳이 있다면 당장 길을 나서자. 되고 싶은 모습이 있다면 오늘부터 연습하자. 인생은 단 한 번뿐이고, 그 기회 또한 단 한 번이니까. 자연인이 되겠다는 그 로망은 어쩌면 진짜 '나'로 살아가는 선언이었다. 지금, 나는 내 삶의 자연인으로 살아가는 중이다.

가면 쓴 착한 아이

조숙희

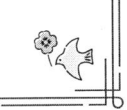

'네가 없이 웃을 수 있을까~ 생각으로도 눈물이나.'

문득 떠오른 멜로디에 눈가가 붉어졌다. 가만히 듣고만 있어도 눈물이 흐른 건, 그 안에 묻혀 있던 나의 목소리 때문이었을까.

아침 6시. 휴대폰 알람 소리에 하루가 시작된다. 어쩐 일인지 자도 개운하지 않다. 아이들을 주물주물 만지며 깨운다. 자장가처럼 부드럽게, 서서히 다급해지는 목소리로. 서로 웃으며 각자의 길에 가면 좋을 것을. 나의 바람이었다. 매일같이 좌절된다. 아이들은 울며 몸을 비틀어 온몸으로 거부한다. '그래 조금 더 자라.' 나는 오늘도 몸부림을 억지로 돌본다.

머리를 감고 앞머리를 내린다. 부은 얼굴을 쿠션으로 톡톡톡. 얼굴의 흉터와 잡티를 숨긴 뒤 세미 캐주얼 정장을 입는다. 아직

눈도 뜨지 못하고 깊이 잠들어 있는 아이들에게 양말, 외출복을 입힌다. 껴안아서 변기에 소변을 누이고, 얼굴도 씻긴다. 조미김에 밥을 싸서 입에 밀어 넣어준다. "빨리빨리 꼭꼭 씹어." 모순적인 말을 하며 아이들을 재촉한다. 아슬하게 유치원 버스를 태워 보낸다. 휴, 해냈다. 매일이 전쟁 같지만, 나 혼자만 아는 승리다.

15분 정도의 시골길을 운전해 가면 근무지로 향한다. 차 안은 유일한 침묵의 시간. 문을 열고 들어서자, 사무실에 쌓인 물품 박스로 인해 불쾌한 냄새가 난다. 전기 포트에 물을 한가득 채운 뒤 끓여낸다. 커피 원두 향으로 사무실에 향기를 채워 본다. 오늘은 무슨 일이 있을까 기대하며.

"여러분은 스스로를 좋아하나요?"

오래도록 외면해 온, 너무 단순해서 오히려 답하기 어려운 질문. 예전엔 거울 앞에서 스스로를 쳐다보는 일이 힘들었다. 나 자신을 뚫어지게 쳐다볼수록 낯설었고, 어느 순간부터 미움이 되었다는 걸 깨달았다. 화장으로 덮어 내려 했던 날도 있었다. 다른 사람의 기대에 맞춰 웃고, 내가 하고 싶은 말보다 옳은 말을 하고, 내 감정보다 타인의 기분을 먼저 살폈던 시간들. 그 안에서 나라는 존재가 점점 흐릿해졌다. 지금 생각해 보면 '가짜 나'였다. 타인의 기준으로 짜인 틀 안에서 억지로 만들어진 모습. 그렇게 '나'는 결국 내가 아닌, 연기하는 어떤 사람이었다. 왜 그렇게 살았을까? 왜 스스로가 아니기를 원했을까?

공공 기관에서 2년간 기간제 근로자로 일할 때였다. 9-6 (Nine to six) 사무실을 지키며 민원인을 응대했다. 담당 공무원 Y는 간혹 치과 공보의 두 명의 근무 태도를 두고 속앓이했었다. 그녀에게 고민을 들어주는 착한 사람이 되려 했다. "네, 알겠어요." "제가 이야기해 볼게요."라는 말을 위로하고 돕고자 했다. 조용한 해결사처럼. 몇 차례 거짓말했다.

문제는 그다음부터였다. 그들이 자리 비우는 일이 잦아졌다. 필요하면 전화 달라며 자리를 빈번히 비웠다. 반복이었다. 그녀는 뭐라도 알고 전화가 오는 건가? 따리링~ "치과 공보의 선생님들 자리에 계세요?" "네!" 좋은 게 좋은 거지라는 얕은 판단이었다. 몇 차례 거짓말을 반복했다. 누군가의 분노를 자극한지도 모른 채. 종종 치과 공보의 한 명과 그래도 속 깊은 대화를 나눴다. 담당 공무원이 선생님들 자리에 계시는지 확인한다며 되도록 자리를 지켜 달라는 조심스러운 대화였다. 애끓는 나의 마음은 뒷전. 예상 밖이었다. 그는 치켜뜬 눈으로 이마에 주름을 지었다. 도대체 누가 확인하냐며, 혹시 Y인지 되물었다. 나는 고개를 끄덕였다. 그 후, 치과 공보의 둘은 뜻을 모았는지 담당자 Y를 사무실로 불렀다.

　보여지는 현실을 부정하고 싶다. 그제야 깨달았다. 참 쓸모없는 짓을 하고 말았구나. 그들에게 변명을 하고 싶었지만, 찾아온 민원인을 응대해야 했다. 담당자 Y는 얼굴도 보기 싫은지 메신저를 통해 묻는다. '왜 그러셨어요?' 그저 착한 사람, 좋은 사람이 되고 싶었다. 자신을 갉아먹는 일이라는 걸 까마득히 모른 채. 갈등 없이 관계를 유지하는 사람으로 인정받고 싶었기 때문이다. 2년간 쌓아 올린 착한 존재는 지리멸렬에 빠졌다.

　그런 순간마다 '나'를 보호해야 했다. 왜 이렇게 거절이 두려운 걸까. 그 질문을 스스로에게 여러 번 던졌다. 곰곰이 생각해 보니, 사람과 사람 사이에는 말로 설명되지 않는 흐름이 있다. 보이지 않지만, 분명히 느껴지는 무언가.
　평가와 승인, 수용과 배제 이런 감정의 진동들이 관계 사이를 흘러간다. 나는 자주 감지했다. 이 말을 해도 될까? 이 부탁을 하면 싫어하지 않을까? 한마디 말에도 머릿속은 복잡하게 움직였고, 마음은 앞질러 움츠러들었다. 관계는 결국, 끊임없이 신호를 주고받는 일이다.
　그 긴장감은 예상보다 깊게 스며들었다. 보이지 않아도, 실제보다 훨씬 날카롭게 삶에 흔적을 남긴다. 흉터처럼. 그렇게 스스로를 채근했다. 어쩌다 그렇게 말했을까. 왜 못했을까. 인정받고 싶어 하면서도, 내 생각은 꺼내지 못했고, 매 순간 나를 탓했다.

 그 일을 겪고 과부하가 걸렸다. 생각은 둔해지고, 기억력은 흐릿해졌으며, 평소보다 쉽게 짜증이 났다. 감정의 과잉도, 억압도 아닌 그 어중간한 긴장감이 무거웠다. 답답한 가슴.

 손끝이 자연스레 펜을 찾았다. 막연한 마음을 적어 내려가다 보니, 어렴풋이 알게 되었다. 내가 무엇을 억누르고 있었는지를. 글을 쓰며 들여다본다. 그날 밤 잠들기 전 살며시 눈을 감았다. 호흡이 오르고 내리는 것을 느껴보았다. 그 단순한 동작에 마음이 고요해졌다. 지금 생각하면, 그것이 내 삶에 처음 찾아온 명상이었다.

 10살 때. 아빠는 지금의 내 나이 30대 후반. 지금 생각해 보면, 초등학교 수업 때 한번 들어 잘 알면 '수학 천재'였으리라. 당시에 숫자 자릿수가 늘어나니 혼돈의 심연. 수학 문제가 어려웠다. 잘한다는 말을 못 들을 게 뻔해서 이해되지 않은 것들을 묻지 못했다. 학교에서 뭘 배우고 다니냐며 되려 크게 소리치고 가르친다는 권한으로 매질을 강행하셨다.

 '아, 이런 게 사랑이라는 거구나.' 그 시절 동네 교회 여름 성경학교에서 배웠다. 그런 일들을 겪어가며 사춘기도 모르고 성장했다. 억압은 호르몬도 이긴다. 사춘기도 극복하는 억압. 그때부터 였을까? 작은 열쇠가 달린 일기장을 사서 홀로 끄적였다. 아빠의 다른 애정 표현 방식인지 몰랐다. 증오에 가득 찬 글들만 끄적였 던 옛 추억이 떠오르기도 한다. 성인이 되고 아이 둘을 낳아보니, 아빠의 저의를 수용하며 알게 되었다.

"아빠, 왜 그토록 어릴 때 무섭게 했어? 어린 시절 좋은 기억이 떠오르지 않아."

"나 역시도 6.25를 겪은 부모 밑에서 나고 자랐기 때문에 그게 최선이었다."

유교 사상이 가득한 부모로부터의 애정 표현 방식이 대물림 된 거다. 다름의 애정 표현. 당시의 아빠 시대는 배곯지 않고, 보 릿고개 잘 넘기는 것이 사랑이 아니었을까. '그럴 수밖에 없었어.' 글을 쓰며 실천할 일들이 늘어난다. 내 선에서는 부디 더 표현하 고, 더 들어주고, 더 사랑하자고. 조효제 교수는 이것을 '정서 억 압의 구조화'라고 했다. 듣자마자 고개가 끄덕여졌다. 참는 게 미 덕이던 어린 시절. 감정보다는 상황에 적응하는 법을 먼저 배웠 다. 그런데 그 감정들, 도대체 어디로 간 걸까. 얌전히 사라졌을 리가 없지. 쌓이고 쌓여 결국은 언젠가 꼭 터진다. 생각보다 조용 한 순간에 말이다.

착각이 많았다. 착한 사람이라는 이름으로 맺은 수많은 관계가, 어쩌면 착오에서 비롯된 건 아니었을까. 나도 그랬다. 거절이 미안해서, 혹은 불편함을 주기 싫어서, 자주 '괜찮아요'를 입에 달고 살았다. 하지만 그 말들이 진심이었던 적은 드물었다. 누군가를 배려하는 척, 나를 눌렀고, 웃는 얼굴 뒤로 감정을 꾹꾹 눌러 담았다. 관계는 잠시 평온해 보였지만, 점점 나 자신과 멀어졌다. 그건 보호가 아니라 소외였다. 내 감정에 귀 기울이지 않게 되었고, 결국 스스로가 어떤 사람인지 헷갈리기 시작했다. 착한 사람이라는 정체성은 언뜻 안정적인 이미지처럼 보이지만, 그 안에 자기희생이라는 대가가 숨어 있었다. 싫은 건 싫다고 말하지 못한 채, 내면에 쌓인 무력감과 자책은 자존감을 조금씩 갉아먹었다. 속으로는 지쳐있었지만, 그런 줄도 몰랐다. 감정을 느끼는 감각 자체가 무뎌지고 있었다.

나는 거절을 갈등의 씨앗처럼 여겼다. 돌아보면, 그건 내가 자라온 문화의 공기 때문이었다. 조화와 체면을 중시하는 분위기, 감정보다는 상황에 적응해야 했던 분위기. 결국 참아야지, 이 정도는 괜찮아야지 하는 말들을 반복하며, 진짜 나를 눌러 왔다. 착한 사람이라는 가면은 관계를 지키기 위한 도구라기보다, 자기 자신을 잃어 가는 여정에 더 가까웠다.

거절은 상처 주는 일이 아니었다. 오히려 나를 지키는 방식이었다. 진짜 관계는 연기로 만들어지지 않는다. 있는 그대로의 감정을 나눌 수 있을 때, 비로소 시작되는 것. 관계를 유지하려면 때로는 아니라고 말할 수 있어야 한다. 거절은 곧 경계다. 그리고 경계는 단절을 위한 벽이 아니라, 건강한 연결을 위한 온도조절 장치다.

이제는 조금씩 이렇게 말하려고 한다. "그 부탁은 지금 제가 감당하기 어려워요.", "그 말씀이 제게는 조금 불편하게 들렸어요.", "이건 제 몫이 아닌 것 같아요."

이건 이기심이 아니라, 내 감정의 주권을 되찾는 말들이다. 내 안에 숨죽여 있던 감정에 다시 이름을 붙이고, 그 감정들과 함께 살아가는 연습이다. 거절을 배운다는 건, 나를 포기하지 않겠다는 선언이기도 하다. 감정을 드러내도 괜찮은 나, 거절할 수 있어도 괜찮은 나. 그런 나로 살고 싶다.

기억이 흐릿해지고, 감정이 둔감해졌던 어느 시점. 나는 명상을 통해 마음을 돌이켜 보기 시작했다. 그제야 조금씩 보였다. 속에 눌려 있던 감정들, 내가 미처 꺼내지 못했던 말들. 말없이 괜찮다고만 했던 수많은 순간 속에서, 나는 나 자신에게 괜찮지 않다고 처음 말했다. 그리고 거기서, 아주 작고 조용한 평화가 시작됐다.

❄ 나를 지켜 주는 명상: 자애 명상

자신이 원망스럽고 미워질 때, 자기 존중하는 명상법이다. 깊은 상처를 받았던 나 자신에게 화해를 청하게 돕는다. 자신에게 따듯한 기회를 주고, 자신이 성장할 수 있도록 마음의 공간을 열어준다.

1. 눈을 감고 편안한 자세로 앉는다.
   (몸이 불편할 경우 자리에 누워서도 가능하다)
2. 척추를 곧게 세우고, 가슴을 활짝 편다.
3. 숨을 가슴으로 깊게 마시고, 가슴으로 깊게 내쉰다.
4. 몸 전체에 긴장을 푼다.
5. 이 내용을 따라 읽거나 눈을 감고 읊는다.

'지금 그대로의 나를 사랑합니다.'

'내가 평안하기를'

'내가 행복하기를'

'내가 사랑받기를'

'내가 이 고통에서 벗어나기를'

'내가 건강하기를'

소중한 나를 외롭지 않게 살피길. 지금, 자신과 손을 잡고 살아가고 있는가? 때로는 자신에게 솔직해지는 것이 관계에서 가장 용기 있는 선택이다. 작은 용기들이 모일 때, 비로소 나와 나 사이의 온도가 따뜻해진다. 이제 그 온기는, 다른 누군가와 나눌 수 있는 관계의 온도가 된다.

제2장

너와 나 사이
–
연결의 기술

쉼표처럼, 잠시 멈추고 바라보기

강숙아

실수는 누구에게나 일어날 수 있는 삶의 일부다. 중요한 건 '그것을 어떻게 받아들이고 대처하느냐'다. 때로는 당황스럽고, 때로는 상처처럼 남는다. 돌이켜보면 그것이야말로 가장 값진 배움의 순간이 아닐까. 실수를 통해 부족한 점을 배우고 더 나은 방향으로 나아갈 방법을 찾는다. 성장의 가능성을 알려주는 신호일지도 모르니까. 잠시 멈추어, 자신의 감정과 행동을 돌아보는 시간이 필요하다.

"주차된 차를 박았어요"
딸네 식구가 제주에 내려왔다. 아들네 식구와 저녁 약속이 있어 함께 식당으로 향했다. 사위가 운전을 맡았다. 골목길로 접어들 무렵, 맞은편에서 차 한 대가 다가왔다. 조심하라고 말했다. 사위의 운전이 평소와 달라 보였다. 마음 한구석이 불편했다. "서로 양보하면서 천천히 가자"라고 말하며 나름대로 긴장을 풀었다. 식당 앞에서 우리를 내려주고 그는 주차하러 갔다. 그런데 한참이 지났는데도 돌아오지 않았다. 뭔가 예감이 좋지 않았다. 아니나 다를까, 잠시 후 딸에게 전화 왔다. "주차돼 있던 BMW를 박았대요." 순간 가슴이 철렁했다. 기분이 묘하게 가라앉았다. 애써 표정 관리를 하며 마음을 다잡았다. 살다 보면 누구나 실수한다. 갑작스럽게 일이 벌어지면 누구나 당황하고, 잘못이 자기 탓인 것 같아 마음이 무거워지기 마련이다. 하지만 누구에게나 실수는 있을 수 있고, 중요한 건 그 실수를 어떻게 받아들이고, 그 다음에 무엇을 하느냐다. 우선 보험처리를 하고 상황을 정리했다. 사위를 비난하기보다, 문제를 차분히 해결하고 그를 격려하는 데 집중했다. 이 정도 사고여서 다행이다. 마음속에 감사함이 밀려왔다. 더 큰 사고가 아니어서, 사람이 다치지 않아서.

실수는 삶의 일부이며 그것을 통해 배우고 성장한다. 경험을 긍정적으로 바라보고 실수를 다루는 방법을 익히는 게 중요하다. 그날 저녁, 사위와 딸에게 너그럽게 대하며 교훈을 얻었다. 실수는 일시적이지만, 태도와 배움은 오래 남는다. 살다 보면 좋은 일과 나쁜 일의 연속이다. 마음가짐이 중요하다. 그 순간의 감정보다 따뜻한 태도와 너그러운 마음은 관계를 더 단단하게 만든다. 결국, 한 발자국 '쉼' 하면서 잠시 멈추고 바라보는 게 중요하다.

피아노 레슨실 문을 열었다. 7살 아이 두 명이 피아노 연습은 하지 않고 소꿉놀이에 몰두해 있었다. 순간, 묘한 냄새가 코를 찔렀다. 머리까지 자극했다. 창문을 열었다. 냄새는 가시지 않았다. 알고 보니 한 아이의 옷에서 나프탈렌 냄새가 났다. 아이에게 "무슨 냄새니?"라고 물었다. "할머니께 세탁해 달라고 해야겠다."라고 말했다. 업무가 끝난 뒤, 할머니에게서 전화 왔다. 마침 아이 옷에서 냄새난다는 이야기를 자연스럽게 전했다. 오해가 생기지 않게 상황을 부드럽게 말했다. 통화 마친 뒤 뒤늦은 후회가 밀려왔다. 좋은 의도로 한 말이라도 듣는 이에겐 상처가 될 수 있다는 사실이 가슴을 찔렀다. 말은 쉽게 뱉을 수 있지만, 결코 주워 담을 수 없다. 필요한 때에, 필요한 만큼만 말해야 한다. 말이 많다고 잘하는 것이 아니다. 때로는 침묵도 중요한 대화다. 미리 판단하고 말하지 말자. 진정한 연결은 마음의 셈여림보다, 조심스런 배려에서 시작된다. 그게 바로 관계를 지키는 길이다.

"선생님 죄송해요. 빨리 갈게요"

시계를 보니 오전 10시. 순간 당황스러웠다. 매주 수요일 11시에 성인 바이올린 레슨이 있다. 이른 새벽부터 글을 쓰다 보니 시간 가는 줄 몰랐다. 지난주에 개인 사정으로 10시에 수업했던 기억이 습관처럼 머릿속에 남아 있었다. 바쁜 와중에도 15분 동안 달걀 5개를 삶았다. 서둘러서 가는 바람에 잊고 헐레벌떡 달려갔다. '습관이 이렇게 무섭구나' 생각하며 서둘러 학원으로 향했다.

조금 뒤, 모녀가 함께 들어섰다. 엄마는 오카리나를, 딸은 바이올린을 들고 있었다. 자연스러운 호흡과 안정감이 느껴졌다. 중학교 수학 선생인 딸은 임신 중이라 휴직 중이었다. 모녀에게 뭔가 추억이 될 만한 걸 만들어 주고 싶었다. 동요 '그 옛날에'를 함께 연주하도록 했다. 1주일 동안 연습했다. 핸드폰 영상으로 담았다. 연주가 끝나자, 엄마는 조심스레 오카리나를 내려놓고 딸을 바라보았다. 눈가엔 살짝 젖은 빛이 돌았다. "딸이랑 이렇게 함께 연주할 수 있게 해줘서 정말 고마워요." 딸은 수줍게 웃으며 엄마 옆에 바짝 다가섰다. 두 사람 사이엔 말보다 깊은 음악의 온기가 흘렀다.

그녀는 책 한 권을 조심스럽게 내밀었다. 지난 '북토크' 때 구매했던 『나를 키우는 힘』이었다. 그날 정신이 없어 사인을 못 받았다며, 오늘은 꼭 받고 싶다고 했다. 책을 읽고 감동이었다는 말과 함께 오래오래 가까운 사이로 지내고 싶다고 덧붙였다. 감사했다. 거리를 유지하려는 내면의 균형이 작동했다. 가까이 다가오는 마음을 거절하는 것이 아니다. 건강한 거리에서 서로를 존중하는 관계가 오히려 더 깊은 연결을 만든다는 걸 알고 있었기에.

삶은 예상하지 못한 우연한 만남, 그리고 관계 속에 있다. 가까운 사이일수록 한 걸음 물러선 배려가 관계를 지키는 힘이다. 음악에서 쉼표는 단순한 멈춤이 아니다. 다음 소리를 위한 준비다. 삶도 마찬가지다. 바쁘게만 달리는 대신, 때로는 멈추고 바라보는 여유가 필요하다. 감정을 다스리고, 관계의 온도를 조절해야 한다. 진정한 연결의 기술이다. 중요한 건, 서로의 호흡을 맞춰가는 과정이다.

"우리 아이 내렸나요?"

"네…"

몇 년 전 일이다, 차 문을 열자, 뒷좌석에 아이가 잠들어 있었다. 순간, 머리카락이 위로 섰다. 3분 동안의 상황극이다. 학부모에게는 짧지 않은 시간이었을 것이다. "죄송합니다."를 수없이 반복했다. 운전자도, 차량 동승자도, 함께 눈물을 흘리며 사과했다. 학원 차량에 동승자를 태웠다. 나만의 철학이다. 그런데 아이가 잠든 걸 모르고 내린 거다. 확인하는 일은 늘 철저하게 해왔다. 동승자가 별도로 타고 있었지만, 실수는 발생하고 말았다.

다음 날, 학부모에게 원장으로서 사죄하는 마음으로 장문의 편지도 썼다. 사건은 일단락 마무리됐다. 학부모는 원장의 진심에 마음이 풀렸다고 했다. 지금은 조카와 그의 친구들까지 다닌다. 감사한 일이다. 주변 사람들에게도 학원 이야기를 자주 한다. "그 원장은 사람이 참 괜찮아요. 실수를 인정하고 책임지는 자세가 다르다"고.

가끔 "누구누구 소개받고 왔어요"라는 말을 듣는다. 따뜻한 신뢰는 조용히, 그러나 멀리 퍼져간다. 그날, 알았다. 관계는 완벽함으로 이어지는 게 아니라, 진심으로 다가가야 한다는 걸.

실수 앞에 잠시 멈추는 용기, 감정 앞에 멈추고, 관계 앞에 멈춰 서서 바라보는 시간. 우리 사이를 이끄는 건 그런 '쉼표 같은 순간'들이다. 완벽함보다 진심이 관계를 지키고, 책임지는 태도가 학부모와의 관계를 회복했다. 바쁘게만 달리는 인생에서 잠깐 멈추어 바라보는 시간, 그 짧은 쉼이 관계를 회복하게 만든다.

다름을 이해한다는 것

김상철

    우리는 같은 둥근달을 보면서도 한 사람은 밝고 풍요롭다고 말하고, 다른 사람은 슬프고 쓸쓸하다고 말한다. 왜 같은 것을 보면서도 그렇게 다르게 말할까? 현실은 우리 내면의 거울이다. 우리는 눈으로 보여지는 것을 보는 게 아니라, 내면에 쌓인 감정의 틀로 본다. 눈, 귀, 피부로 들어온 감각 정보는 과거의 경험, 감정, 언어, 신념에 따라 각자의 방식으로 해석되어 내면에 쌓인다. 그러니까 현실은 같을 수 있어도 해석은 다를 수밖에 없다. 다름은 단순한 오류가 아니라 우리 삶에서 필연적으로 수반되는 본질이다. 누군가 나와 다르게 말하고, 다르게 느끼고, 나와 다른 방식으로 사랑한다면, 그것은 틀렸기 때문이 아니다. 그 사람만의 경험 세계가 있기 때문이다.

"어제 그거, 음… 꼭 그렇게까지 할 필요는 없지 않았나 싶기도 하고… 뭐, 그냥 내 생각이야." 식의 대화를 한 친구가 있다. 그는 말을 빙빙 돌려서 한다. 말끝을 흐리고, 늘 변죽만 울린다. 나는 답답해서 견디기 힘들었다. '아니, 하고 싶은 말이 있으면 그냥 말하면 되지. 왜 이렇게 어렵게 말을 돌려서 할까?' 내 속은 답답했고, 대화가 끝나고 나면 이상하게 혼자만 복잡한 기분이 들었다. 어느 날, 그가 어린 시절의 이야기를 꺼냈다. "나는 어릴 때 아버지 앞에서는 절대 큰 소리로 말하면 안 됐어. 어딘가에서 항상 누가 화낼지도 모르니까… 감정을 들키면 혼났거든." 말끝이 무거웠다. 잠시 침묵이 흘렀다. "그래서 그런지, 나는 지금도 말할 때마다 머릿속으로 계속 계산을 해. 이 말을 해도 괜찮을까? 혹시 누가 기분 나빠하지 않을까?" 내가 느꼈던 답답함이 서서히 풀리기 시작했다. 그가 말을 빙빙 돌리는 건 습관도 성격도 아니었다. 생존을 위한 방식이었다. 살아남기 위해 익혀야 했던 기술. 그의 말투가 조금씩 다르게 들렸다. 돌려 말하는 그 안에 숨어 있는 진심을 알게 되었다. 그의 태도가 틀린 게 아니라, 그가 걸어온 삶의 흔적이었음을.

한 지인이 있다. 오랜만에 서울에 사는 아들과 통화한 이야기를 들려줬다. 아들은 바쁘다는 이유로 전화를 자주 하지 않아 섭섭하다고 토로했다. 그냥 안부 전화 한 통만 해줘도 좋겠다고 말했다. 그런데 아들의 말은 달랐다. "아버지, 매일 야근하고 퇴근하면 진짜 녹초가 돼요. 그래도 부모님 생각은 자주 해요." 서로가 같은 상황을 겪으면서도 전혀 다른 감정을 느끼는 거다. 아버지는 전화 한 통으로 사랑을 느끼는 세대이고, 아들은 생각만으로도 관계가 유지된다고 믿는 세대다. 서로의 다름을 이해했다면, 상처도 덜했을 것이다.

결혼 30년 차인 부부도 여전히 사소한 일들로 다툰다. 아침상을 차려놓고 다른 일을 보고 있는 아내에게 불평한다. 왜 먹으라는 말도 없이 그냥 상만 차려놓고 갔냐고 남편이 묻는다. 아내는 30년을 함께 살았으면 굳이 말하지 않아도 그 정도는 알아야 하지 않느냐며 속상해했다. 남편은 자신이 무슨 실수라도 한 게 아닐까 걱정했고, 아내는 말하지 않아도 알아주길 바랐다. 말하지 않으면 모르는 법. 오랜 시간 함께한 부부라도 서로의 기대와 감정을 말로 꺼내지 않으면, 오해는 깊어진다. 만약 아내가 "나는 당신이 말하지 않아도 알아주길 바랐어."라고 말했고, 남편이 "그건 잘 몰랐네, 다음엔 더 신경 쓸게"라고 표현했다면 두 사람의 다름은 더 단단한 연결의 끈이 되었을 것이다.

"요즘 신입 애들이랑 일하는 게 솔직히 너무 힘들어요. 회식하자고 해도 다들 바쁘다며 빠지고, 뭐 하나 시키면 '이건 왜 이렇게 해야 하냐?'고 질문만 해요. 기본적인 업무도 안 해놓고 자꾸 '자율적으로 해도 되죠?'라고 묻고요."

"혹시 그 친구들한테 업무 범위나 우선순위는 구체적으로 전달하셨어요?"

"그건 알아서 해야죠. 요즘 애들은 자기 일은 자기가 계획해서 처리하는 거 아닌가요?"

직장에서도 마찬가지다. 어느 날 회의가 끝난 뒤, A 팀장이 커피를 한 모금 마시며 속내를 털어놨다. 언젠가, 신입 직원 중 한 명과 따로 면담할 기회가 있었다. "사실… 팀장님이 자율적으로 하라고 하셔서 그렇게 했거든요. 그런데 나중에 와서 왜 미리 상의 안 했냐고 하시면 저희도 혼란스러워요. 자유를 주셨다가 갑자기 관리하시는 느낌이라, 솔직히 부담돼요."라는 말에 여러 생각이 스쳤다고.

팀장은 연차에 비례한 책임감과 조직 문화에 대한 이해를 기대했다. 반면 신입 직원은 자유롭게 일할 수 있는 환경, 즉 '일에 주도권을 갖는 것'을 중요하게 여겼다. 문제는 그 차이가 문제로 인식되지 않았다는 데 있었다. 누구도 상대가 왜 그런 방식으로 반응하는지 물어보지 않았다. 각자의 방식에 익숙한 채, 서로를 이해하지 못한 채 불만만 쌓여갔다. 어느 쪽이 옳고 그른 문제가 아니었다. 관점의 차이. 서로의 시선에서 상황을 한 번쯤 바라봤다면, 오해는 줄고, 갈등도 줄었을 것이다.

상대의 말이 불편하게 느껴지거나, 이해할 수 없는 행동에 마음이 상할 때가 있다. 이해하려는 마음보다는 이해받고 싶은 욕구가 누구에게나 존재한다. 상대의 말 너머에는 그 사람만의 세계가 있다. 우리는 모두 자신만의 세계를 가진 타인과 관계를 맺으며 살아간다. 그 관계는 상대의 세상을 서로 이해하려는 노력 없이는 쉽게 균열이 생긴다. 하지만 역설적이게도 자주 만나고 친한 사이일수록 다른 세상을 더 자주 접하게 된다. 부부, 가족, 친구 등 가까운 관계일수록 자기 기준에 맞추려 하기 때문이다. "왜 그렇게 생각해?"라고 묻기보다는 "그건 아니지."라고 규정지으며 상대의 세상을 받아들이지 못한다.

우리는 각자의 경험으로 재구성된 세상을 살아간다. 그래서 다름의 존재는 당연하고, 피할 수 없는 갈등과 대립의 현실을 마주해야 한다. 중요한 것은 그 다름을 어떻게 마주하느냐에 있다. 다름을 인정한다고 해서 끝나는 것이 아니다. 다름을 불편해하지 않고 있는 그대로 받아들이는 태도까지 가야 한다. "그가 왜 그런 방식으로 생각하고 말하고 행동하는가?"라는 질문을 던지고, 그의 세계를 이해하려는 마음이 필요하다. 단순히 성격 차이의 문제가 아니다. 삶을 바라보는 렌즈 자체가 다르다는 걸 받아들여야 한다.

다름은 숨기고 피해야 할 것이 아니다. 말로 표현하고 함께 이해해야 할 관계의 출발점이다. 갈등의 씨앗이자 연결의 기회인 다름. 이것을 어떻게 다루느냐에 따라 우리는 더 넓은 세상을 볼 수 있고, 더 깊은 관계를 만들 수 있다. 우리는 서로 다르다. 때문에 더 많이 배울 수 있고, 서로 더 넓혀갈 수 있다. 다름을 불편해하지 않는 태도, 그로부터 진짜 연결이 시작되고 서로의 삶은 확장된다.

가까운 사람일수록 나와 같기를 바라고, 다를 때 서운해진다. 진짜 사랑은 '너는 왜 나 같지 않지?'가 아니다. '너는 왜 그렇게 생각하게 되었을까?'라고 묻는 데서 시작된다. 서로를 온전히 이해하는 길은, 다름을 견디는 것이 아니라 다름을 함께 살아내는 것이다.

소중한 관계를 위한 팁, 연민, 존중, 수용

김수정

인생을 살다 보면 후회를 많이 하게 된다. 50 중반을 넘기면서 그때 왜 그랬지? 왜 내 고집만 피웠을까? 되돌릴 수 없는 한마디. 미처 헤아리지 못한 마음 하나가 지금의 나를 반추하게 된다.

"밥 먹으세요!"

그날도 평소처럼 점심시간이 되어 외쳤다. 시계는 정확히 12시를 가리키고 있었다. 밥을 차려놓고 큰 소리로 불렀다. 남편은 감귤나무 사이에서 농약을 뿌리느라 바빴다. 방제복을 입고, 고글을 쓰고, 얼굴은 마스크로 꽁꽁 싸맨 채. 두 번째, 세 번째 외칠 무렵, 갑자기 무언가가 날아왔다. 무거운 돌이었다. 발밑에 떨어진 돌멩이를 보며, 놀라 뒤로 물러섰다. 그가 돌을 던진 거다.

"위험천만한 사람이네! 아이고, 나 죽네!"

나는 화들짝 놀라며 소리를 질렀다. 상황을 전혀 이해하지 못했다. 하지만 이제는 안다. 농약을 뿌리는 일은 시작하면 끝을 봐야 한다는 걸. 흐름이 끊기면 약재가 굳어 기계가 고장 나고, 약이 피부에 닿으면 화상을 입을 수도 있다. 무엇보다도 농약은 사람의 신경을 극도로 예민하게 만든다. 당시 농사일이 낯설었다. 농약 방제의 흐름이 얼마나 중요한지도 몰랐다. 단지 점심시간이 되었으니 밥을 먹으라고 세 번이나 소리친 것뿐.

돌이켜보면, 나의 잘못이었다. 그 상황에서 '밥 먹자'는 말은 남편에겐 방해였다. 위험한 외침. 내 입장만 고수했다. 내 방식이 옳다고 믿었다. 돌멩이를 보고 화부터 냈다. 부끄럽다. 그때의 나는, 상대의 상황도 감정도 전혀 이해하지 못한 채 나의 기준만으로 판단했다.

남편은 나와 성향 자체가 정반대다. 나는 정해진 시간에 맞춰 밥을 먹는 걸 중요하게 여긴다. 12시가 되면 밥 냄새가 나야 마음이 놓인다. 반면 그는 시간보다 일이 우선이다. 일의 흐름이 끊기지 않도록 집중하는 편이다. 남편은 점심을 맛으로 먹지 않는다고 했다. 그냥 허기를 채우는 정도라고. 그 말에 섭섭했다. 나는 맛있는 음식을 함께 나누는 순간이 하루 중 가장 즐겁다고 생각하는 사람이다. 그는 '식충이'라며 놀린다. 일은 조금 하고 밥값만 축낸다는 말이다. 한동안 마음이 상했다. 이제야 알았다. 시간이 지나면서 조금씩 달라졌다. 남편은 말을 아끼지만, 묵묵히 운전해서 데려다준다. 힘든 일은 대신 해주고, 무거운 짐을 대신 들어준다. 내가 말하지 않아도 먼저 움직여 주는 사람이었다. 말은 적지만 행동으로 보여주는 사람이 바로 그다.

농장은 차로 가면 한 시간이 걸린다. 내가 말하기 전까지는 남편은 말없이 운전만 한다. 무려 한 시간 동안 말하지 않은 적도 있다. 차에서 재잘거리는 사람은 늘 나였다. 대신 나의 이야기를 묵묵히 듣는다. 대화의 리듬은 다르지만, 그 안에 담긴 진심은 변함없었다.

나는 눈치가 빠르다. 남이 불편함을 느끼는 상황은 잘 보지 못하는 편이다. 상황에 따라, 감정을 솔직하게 말하는 게 서툰 편이다. 친해지면 위트와 유머를 통해 소통하고, 밝은 에너지로 다가간다. 이런 나의 방식이 관계에 도움이 될 때도 있었지만, 때론 생각 없이 말해서 깊은 상처를 주기도 했다.

잊을 수 없는 친구가 있다. 예전에 정말 좋아했다. 차가운 듯 시크하지만, 따뜻한 마음을 가진 친구다. 자주 밥을 사주고, 작은 선물도 건넸던 친구. 내가 교통사고로 입원했을 때 병문안을 왔다. 그날 나의 생각 없는 한 마디가 그녀의 마음을 상하게 했다. 이후 연락이 끊겼다. 그렇게 7년. 같은 성당에 다녔다. 매주 얼굴을 스치듯 마주쳤지만, 눈인사조차 나누지 못했다. 자책도 많이 했다. 미안함과 부끄러움이 겹쳐 마음이 얼어붙었다. 다시 말을 걸고 싶어도, 손끝이 떨릴 정도로 용기가 나지 않았다. 마음속으로 수없이 기도했다. "제발 예전처럼은 아니지만, 얼굴 붉히지 않는 사이로 남길 원해요."

어느 날, 성전에서 내려오는데 그녀와 딱 눈이 마주쳤다. 어디로도 도망갈 수가 없었다. 용기 내어 먼저 인사했다. 그녀는 인사를 받아주었다. 벽을 허물었다. 차츰 말문이 트였고, 관계는 천천히 회복되었다. 7년이라는 시간도, 침묵도, 마음을 나누는 데는 방해가 되지 않았다. 내가 먼저 손을 내밀었기에, 가능했던 일이었다. 그 사건 이후, 말과 소통에 대해 더 깊이 생각하게 되었다. 말은 사람을 살릴 수도, 무너뜨릴 수도 있다. 우리는 모두 상처받기 쉬운 존재들이다. 그 상처 위에 조심스레 말을 얹어야 한다. 부드럽고 따뜻한 말은 영혼을 어루만지는 수프와 같다.

집에서 키우는 식물에게 말을 건넨다. "안녕, 오늘 기분은 어때?", "햇살 좋지?", "와, 잘 자랐네. 대견하다." 식물은 아무 말도 하지 않지만, 내 마음이 맑아진다. 생명은, 말을 통해 존재를 확인받는다. 말하지 않는 존재에게조차 다정한 말을 건네는 연습은, 결국 사람과 사람 사이에도 온기를 만들어 준다. 세상을 대하는 태도가 이렇게 작고 섬세한 습관에서 시작된다. 지금도 매일 아침, 나만의 확언을 반복한다. '나는 상대방을 다정한 마음으로 대합니다.' 타인을 만나기 전에 내가 준비하는 루틴이다. 오늘 만날 누군가를 위한 마음의 준비를 하며.

한 번은 누군가에게 전화가 왔다. 속상함이 가득한 목소리였다. 상대방에 대한 서운함을 한참 쏟아냈다. 1시간을 통화했다. 말없이 들었다. 내 일처럼 고통을 감지하고 이해하려고 했다. 그 사람이 고통을 느끼는 만큼 나도 같이 마음이 저며왔다. 판단 없이, 끼어들지 않고, 그저 귀를 기울였다. 통화가 길어질수록 그녀의 목소리는 조금씩 부드러워졌다. "너무 고마워. 내 얘기를 이렇게 들어주는 사람이 있어서, 참 좋아."

경청은 가장 큰 위로다. 내 안의 선함이 상대의 선함을 이끌어 냈다. 연민과 존중, 그리고 수용의 마음은 어느새 서로의 틈을 메웠다. 내가 다정하게 보면, 상대도 다정하게 보인다. 내가 귀하다고 느끼는 만큼, 타인도 귀한 존재다.

김주환 교수는 말했다. "차분하게, 침착하게, 즐거운 마음으로 나는 할 수 있다." 어디에서든 불안이나 두려움이 섭렵할 때 자주 외친다. 이 확언이 나의 마음을 다독인다.

관계는 결국, 누가 옳은가가 아니라 누가 먼저 따뜻했는가로 기억된다. 타인을 귀하게 여기는 마음과, 조심스럽게 마음을 나누며 살아가는 것. 그 정도면 충분히 아름답다. 상대방을 대할 때 연민의 정을 느끼고 귀하게 여긴다. 있는 그대로 받아들이면 '수용'이라는 거대한 품을 가진다. 그렇게 현재를 의미 있게 잘 살아갈 수 있다. 오늘도 연민과 존중과 수용을 전하고 싶다. 타인과의 관계는 나의 선함에서 출발한다는 의미를 전하며.

너와 나의 거리

김한식

"나, 그 놈이랑 원수 됐다."

"응? 그기 뭔 소리고!"

3년 전쯤이다. K가 금산으로 가서 인삼을 재배하겠다고 했다. 명예퇴직한지 1년쯤 되었을 때다. 한동안 또 다른 친구 L과 자주 어울리더니, 마침내 귀농을 결심한 모양이다. 사실 처음에 인삼 재배에 관심을 가진 건 L이었다. 계기는 L의 선배가 보내준 인삼 때문이었다. 금산에서 인삼재배를 하던 선배 집에 놀러 갔다가 흥미를 갖게 된 것이 시작이었다. K와 L 두 친구가 의기투합하여 함께 귀농하기로 마음을 모았다. 사실 나도 L로부터 함께 하자는 제의를 받았다. 한동안 진지하게 고민했지만, 하지 않기로 했다. 일반 회사보다 정년이 긴 공기업에 다니고 있었기 때문이다.

아직 정년까지 몇 년은 더 남아 있었다. 한편으로는, 친구들의 결정이 과연 옳은 결정이었는지, 사업성은 있는지 나름 검증해보고 싶은 마음도 있었다. 나 역시 퇴직 후, 시도를 해 볼 수도 있으니 말이다.

가을 무렵, K로부터 집과 인삼재배시설이 완공되었다는 소식을 들었다. "언제 한번 놀러 와." 조립식 주택이라 그런지, 공사 기간이 길지 않았던 모양이다. 날을 잡아 친구와 함께 금산으로 향했다. 금산군 군복면에 있는 조용한 시골 마을. K와 L은 한 필지의 땅을 나눠 각자 단층집과 인삼재배시설을 지었다. 마치 쌍둥이처럼 집과 재배사가 똑같이 나란히 들어서 있었다. 앞마당엔 잔디밭과 함께 각종 채소를 기를 수 있는 텃밭까지 있었다. 같은 건축회사에 의뢰해 같은 구조로 지은 덕분에 비용도 절감되었다고 한다. 특이한 점은, K의 집 뒤편이 곧장 L의 마당과 맞닿아 있는 것이었다. 두 집 사이의 경계는 1M 정도의 철제 울타리만 있을 뿐이다. 그날 저녁, K집에 모여 식사했다. 오랜만에 얼굴을 맞댄 자리라 자연스럽게 술판이 벌어졌다. 두 집의 성공적인 귀농과 앞으로의 행복한 삶을 기원하며 늦은 밤까지 웃고 떠들었다. 이후에도 두세 번 더 가서 정성껏 재배한 인삼과 채소들을 얻어 오기도 했다.

그런데, 불과 1년도 지나지 않아 일이 벌어졌다. 집이 서로 붙어 있다 보니, 자연스레 서로의 사정과 형편을 속속들이 알게 된다. 어떤 음식을 해 먹는지, 어떤 손님이 오고 가는지, 부부싸움을 하는지 안 하는지, 심지어 싸우는 내용까지 알 수 있다. 그야말로 숟가락, 젓가락이 몇 개씩인지도 알 수 있을 정도다. 살다 보면 크고 작은 마찰은 생기기 마련이다. 서로 마음이 잘 맞으면 아무 문제가 되지 않지만, 그렇지 않으면 마음이 불편해지고 나아가 앙금이 생기기 마련이다. 보통은 일정한 거리와 시간이 그 감정을 식혀주곤 한다. 공간적으로 떨어져 있으면 시간이 흘러 유야무야 홀홀 털어버리기 십상이다. 하지만 하루 24시간을 거의 붙어 지내다 보니 그럴 여유조차 없다.

어느 날, L집에 K도 잘 아는 지인이 방문했다. 같은 고등학교, 같은 S그룹 출신으로 대부분이 서로 아는 사람이다. 그런데 그날 저녁 식사 자리에 K를 초대하지 않았단다. 당연히 함께 할 줄 알았던 자리였기에, 초대받지 못한 K는 많이 섭섭해했다. 게다가 나중에 그 지인으로부터 자기에 대한 뒷담화가 오갔다는 소식까지 들었다고 한다.

그 일을 계기로, 두 사람의 대화가 뜸해졌다. 예전 같으면 그냥 넘어갔을 사소한 일들조차 문제가 되기 시작했다. 급속도로 관계 악화. 같이 귀농까지 할 정도로 친했던 관계가 원수처럼 멀어져 버렸다. 많은 고민 끝에 K는 정성 들여 지은 집과 재배시설을 매물로 내놓았다. 지금까지 구매자가 나타나지 않고 있다. 도시의 부동산과 다르게 시골에서는 매수자를 만나기가 쉽지 않기 때문이다. 시골에 많은 돈을 들여 집과 시설을 짓는 것은 그만큼 위험 부담이 높다. 지금은 주로 서울에서 살면서 금산 집은 가끔 들르는 세컨하우스로 운영하고 있다. 경제적인 손실도, 관계에서 입은 상처만큼이나 크다.

　건강한 숲이 되기 위해서는 나무와 나무 사이의 간격이 매우 중요하다. 간격이 빽빽하면 키가 작은 나무나 식물들이 햇빛을 받지 못해 잘 자라지 못한다. 병해충이 쉽게 번지며, 산불이 났을 때 불이 빠르게 퍼진다. 결과적으로 숲은 병들고 황폐해진다. 반면에 간격이 적당하면 모든 나무와 식물들이 햇빛이나 영양분을 고르게 흡수할 수 있다. 키 작은 나무와 큰 나무, 그리고 다양한 식물들이 서로 경쟁하지 않고 건강한 숲을 조성한다. 또한, 건강한 숲을 유지하기 위해서는 정기적인 간벌이 필요하다. 나무들이 성장하면 숲의 밀도가 높아져 서로간의 생장에 방해가 되기 때문이다. 적절한 간벌 없이 방치되면, 각 개체 간 무한경쟁으로 내몰리고, 급기야는 숲은 병들고 망가진다. 인간관계도 마찬가지다.

경상남도로 귀촌한 친구들도 있다. M과 C는 평소 귀촌에 대해 관심이 많았다. 언젠가 지리산 자락의 산청으로 함께 휴가를 갔다가 주변을 둘러본 적이 있었다. C는 마음에 드는 집을 발견했고, 그 계기로 산청으로의 귀촌을 결심했다. M도 C집 근처에 마음이 드는 집이 있었지만, 그 집을 선택하지 않았다. 가까운 사람들끼리 의기투합해서 뭉쳤다가 오히려 의가 상해 서로 간에 멀어졌다는 이야기를 여러 번 들었기 때문이다. M은 계속해서 알아본 결과, 차로 약 20분 거리에 있는 집을 구할 수 있었다. 산청과 경계에 있는 함양에 있는 집이었다. 후일 몇 번 가본 적이 있는데, 바로 산자락에 붙어 있었다. 고지대에 위치해 내려다보는 풍경이 압권이었다. 멀리 지리산 능선도 한눈에 보였다. 그 친구들은 지금도 사이좋게 지낸다. 기쁜 일, 슬픈 일을 함께 나누며 오랜 친구로서의 우정을 잘 이어가고 있다. 너무 가깝지도, 너무 멀지도 않은 그 거리가 오히려 두 사람의 관계를 유지하고, 나아가 더욱 단단하게 지켜주는 것이다.

사람도 나무와 같다. 거리가 너무 가까우면 불편한 상황들이 생기기 쉽다. 처음엔 좋아서, 의기투합해서 시작한 관계일지라도, 지나치게 가까운 거리에서 서로의 사생활이 그대로 노출되고, 모든 일상이 공유되면 피로가 쌓이기 마련이다. 작은 오해가 깊은 상처가 되고, 사소한 말이나 행동도 때로는 마음의 문을 닫게 만드는 원인이 된다. 더 안타까운 것은, 그렇게 가까웠던 사이일수록 상처는 쉽게 아물지 않는다는 점이다. "그래, 원래 그런 사람이었지" 하고 넘기기엔 그동안 나눈 시간이 많고, 기대도 컸기 때문이다. 결국, 친밀했던 인간관계의 고리는 서서히 느슨해지고, 어느 순간 돌이키기 힘든 단절로 이어지기도 한다. 그래서 관계에는 적당한 거리가 필요하다. 그 거리는 서로를 밀어내는 거리가 아니라 서로를 지켜주는 공간이다. 너무 가까이 다가가 서로의 삶을 침범하지 않고, 그러나 너무 멀어 외면하지도 않는 거리. 마음은 열어두되 삶의 경계는 존중하는 거리. 그 거리는 타인의 온기를 느끼면서도, 동시에 나의 삶을 온전히 살아갈 수 있도록 해준다. 우정이든 사랑이든, 또는 가족 간의 관계든 마찬가지다. 가깝다고 해서 무조건 좋은 것도, 멀다고 해서 나쁜 것도 아니다. 중요한 것은 '어떻게' 거리를 유지하느냐다.

우리가 함께 살아가는 삶의 숲 안에서, 나무와 나무 사이에 햇빛이 들고 바람이 통하듯, 관계 속에서도 그런 숨 쉴 틈은 반드시 필요하다. 상대를 향한 애정은 품고 있되, 서로의 고요한 시간을 존중하고, 필요할 땐 거리를 조정할 줄 아는 지혜. 그것이 관계를 지속 가능하게 만든다. 너무 가까우면 서로를 해치고, 너무 멀면 존재조차 잊히게 된다. 그러니 우리는 늘 고민해야 한다. 지금 이 관계에서, 나는 얼마나 가까이 다가가 있고, 얼마나 멀리 떨어져 있는지를. 따뜻한 마음은 유지하되, 각자의 삶이 조화를 이루는 '그 거리'를 찾는 것. 그것이야말로 관계의 온도를 적절히 유지하는 진짜 기술이 아닐까.

'그럴 수도 있지'의 힘

박니나

살다 보면 나도 모르게 마음속에 오래도록 남아 있는 장면이 있다. 기쁨보다 상처, 감사보다 서운함이 특히 기억에 더 남는다. 우리는 가족이라는 가장 가까운 관계 속에서 사랑도 받고, 상처받고 배우고 자란다. 때로는 상처가 오랫동안 마음에 새겨져 나도 모르게 나에게 영향을 준다.

어린 시절 나의 욕구를 명확하게 표현해 본 적이 드물었다. 말하는 법을 몰랐던 건 아니었다. 다만, 말해도 통하지 않을 것이라는 체념이 늘 먼저였다.

초등학교 3학년, 캐나다에서 지내던 시절이었다. 반 친구 캐서린은 갈색 단발머리에 어른이 입을 법한 단정한 옷차림으로, 똘

똘한 인상에 선생님의 사랑까지 받는 아이였다. 그녀의 스타일과 분위기와 당당함이 어린 나에게 부러웠었다. 캐서린이 입던 옷의 브랜드가 제이컵(Jacob)이라는 것을 알게 되면서, 꼭 입고 싶다는 간절한 마음이 생겼다. 그해 크리스마스를 앞두고 처음으로 엄마에게 원하는 브랜드 옷이 있다는 사실을 조심스럽게 전했다. 매장에 함께 가자고 졸랐고, 구체적으로 어떤 스타일을 원하는지도 설명했다.

크리스마스 아침, 설렘 가득한 마음으로 상자를 열었다. 상아색의 통이 좀 있는 바지를 보고 제이컵 브랜드의 옷을 드디어 가진 줄 알고 세상을 다 떠안는 것 같이 기뻤다. 하지만 기쁨은 오래가지 않았다. 바지 안쪽 라벨을 보는 순간, 벅찬 기쁨은 순식간에 깊은 배신감으로 바뀌었다. 엄마 품에 안겨 서럽게 울부짖었다.

단지 예쁜 옷이 아니라, 그 옷이 상징하던 내 마음을 엄마가 외면했다는 사실이 더 아팠다. 나를 표현하고 싶었고, 처음으로 그 욕구를 말했지만, 받아들여지지 않았다. 그날의 배신감은 마음 깊은 곳에 남아 이후에도 엄마와의 대화에서 반복되는 엇갈림의 시작이 되었다.

지금 돌아보니 이 같은 비슷한 경험들은 아주 오래도록 내 안에서 흔적을 남겼다. 어떤 상황에서, 누구에게, 어떤 방식으로 표현하는지에 영향을 주었다. 이런 감정은 또 다른 관계에서도 고스란히 모습을 드러냈다.

대학에 들어간 뒤, 스스로 길을 개척해 온 삶이었다. 그래서일까. 가족 간의 유대가 끈끈하고, 사랑과 챙김을 받으며 자란 친구들을 볼 때마다 마음 한쪽이 시렸다. 그들의 안정감, 여유로움은 오히려 내 안의 결핍을 고스란히 비춰주는 거울 같았다. 처음엔 단순히 '부럽다'라는 감정이었다. 그런데 어느 순간부터 그들의 단점을 애써 들춰내려 했다. 그들과 나 사이의 거리감, 또는 나에게 없던 무언가를 마주한 낯설음이 두려웠던 걸까. 무의식적으로, 때론 의식적으로 나는 그들을 깎아내리는 말을 내뱉었다.

아직도 또렷한 장면이 있다. 친구 B의 아버지가 해외 골프 여행을 다녀오셨다는 이야기를 꺼냈을 때였다. 나는 농담처럼 말했다. "동남아 가면 남자들 이상한 데 간다던데?" 순간 친구의 표정은 굳었고, 분위기는 어색해졌다. 왜 굳이 그런 말을 했을까. 시간이 지난 지금도 나는 그때의 나를 자문하게 된다.

돌이켜보면, 그것은 분명 내 안의 결핍에서 비롯된 말이었다. 인정하고 싶지 않았지만, 누군가의 충만함 앞에서 나의 불안과 열등감은 발톱처럼 드러났다. 친구가 가진 유복한 배경, 사랑받는 경험, 그런 삶이 나에겐 너무 멀게 느껴졌기에, 나는 결국 그 행복에 상처를 내고 싶었다. 그렇게 나는 다른 사람을 아프게 하면서 겨우겨우 나를 지탱하고 있었다. 시간이 많이 흐른 지금에서야 말할 수 있다. 그때 시절에 상처 줬던 친구들에게, 정말 미안했다고.

나의 불안은 직장에서도 이어졌다. 높은 인정 욕구 때문에 누구보다 열심히 일했지만, 작은 실수에도 마음이 무너졌다. 실수 하나를 현미경처럼 확대해 들여다보며 괴로워했고, 퇴근 후엔 늘 이불킥으로 자책했다.

한 번은 중요한 통역 자리에서 순간 용어가 떠오르지 않아 당황한 적이 있다. 일은 마무리됐지만, 나는 그 장면을 수십 번 되감아 돌렸다. 밤이 되면 그 순간이 파도처럼 밀려와, 이불을 차며 괴로워하는 날들이 반복됐다. 너무 고통스러워서, 어느 날 하나님께 기도했다. "어떻게 하면, 이 이불킥의 고통에서 벗어날 수 있을까요?"

동료 통역사에게 이불킥의 고통을 털어놓았다. 그 대화는 자책에 빠져 있던 나에게 큰 전환점이 되었다. 그전까지는 실수를 곱씹고 자책하느라 자신을 더 깊이 몰아넣었지만, 이제는 실수를 있는 그대로 바라보기로 했다. 실수는 실수일 뿐, 다시는 반복하지 않기 위한 배움의 기회. 그렇게 마음을 다잡으니 오히려 평안이 찾아왔다.

이불킥의 시간은 이제는 수치의 늪이 아니라, 다음을 위한 연습장이 되었다. "그럴 수도 있지, 다음엔 더 잘할 수 있어." 그렇게 실수와 나 사이에 거리를 두자, 실수로부터 나를 분리해 내는 힘이 자라기 시작했다. 나는 원래 새로운 도전에 두려움이 많은 사람이었다. 잘할 수 있어도 시도하지 못하고 머뭇거리는 일이 많았다. 하지만 이제는 안다. 실패도 경험이고, 그 경험이 나를 키운다는 것을.

이불킥은 이제 부끄러운 흔적이 아니라, 내가 자라고 있다는 신호다. 실수를 통해 배우고, 또 다음으로 나아가는 것. 자책보다는 배움을 택하는 것. 삶은 결국 끊임없는 자기 이해와 수용의 연속이니까. 이제는 실수했을 때도 스스로 말할 수 있다. "그럴 수도 있지.", "괜찮아. 넌 잘하고 있어."

나는 실수도 사랑할 수 있게 되었고, 그 속에서 나를 더 잘 알게 되었다. 경험은 때로 상처가 되지만, 그 위에 쌓인 치유는 나를 더욱 단단하게 만든다. 조금씩, 있는 그대로의 나를 인정해 가는 것. 그 건강한 자기 수용이 내 관계 속으로도, 사랑 속으로도 번져가길 바란다.

What once made me stumble has now become the ground I stand stronger on.

한때 나를 주저앉게 했던 것들, 이제는 내가 더 단단히 서 있는 발판이 되었다.

'그러려니, 그럴 수도 있지!'의 내공을 키우다

이미자

"여보세요, 언니 안녕!"

"응, 어쩐 일이야?" (반갑게)

"학교 체육대회 있는 거 알지? 언니 반장 엄마니까 나와야지!" (당연하다는 듯)

"아, 미안해, 그날 일이 있어서 나갈 수 있는 상황이 아니야!" (미안한 마음)

"애에게 반장을 시켰으면 시간을 빼야지!" (퉁명스러운)

"그게 무슨 말이야? 애가 반장이 된 거지 내가 반장을 시켰어! 그리고 애가 반장인데 왜 엄마가 무조건 나와서 일을 해야 하는 거야?, 일하는 엄마 애들은 반장도 하면 안 된다는 거야? 나도 가고 싶어, 상황이 안 되니깐 못 가는 거지?" (격앙된 목소리)

"그건 아니지만, 그래도 애가 반장이면 학교 일을 해야 하는 거지!" (한풀 꺾인 목소리)

큰아들이 초등 1학년 때의 일이다. 학교 행사에 임원 부모들이 학교에 나와 일을 해야 했다. 그 친구에게 일하는 엄마로서 당당하게 말하고 싶었다. 예의를 갖추지만 나에게 함부로 하는 사람에게 내 감정과 생각을 분명하게 전했다. 나도 처음 하는 아들 운동회에 못 가서 속상했다. 결국 남편이 대신 시간을 내서 운동회 날에 갔다. 남편은 반 엄마들에게 커피도 사주고, 인기 짱이였다고 다른 엄마에게 들었다.

그러나 그날, 아이는 죽상이 되어 집으로 돌아왔다. 놀라서 찬찬히 이야기를 들어보니 반장으로 선생님 말씀이나 규칙을 잘 지키고 싶었는데, 친구들이 말을 듣지 않고 마음대로 해서 힘들었다고 했다. 화를 내서 창피하기도 했다고 솔직히 말했다. 아이의 마음이 이해되었다. 자기도 마음대로 하고 싶었을 텐데, 규칙을 지키기 위해서 노력하는 걸 알아주기는 커녕 예민한 아이로 치부당하니 속상했던 거다. 큰아들은 '지각하면 안 되고, 숙제 안 해 가면 안 되는 바른 생활 아이'이다. 게다가 "친구들에게 그러면 안 된다."라며 말린 아빠가 자기의 마음을 몰라주어 오히려 화가 났던 것이다. 아이의 마음을 공감하며, "힘들었겠네, 네 입장에서는 선생님이 앉아서 보라고 말했는데도 말을 안 듣는 친구들을 보면서 많이 답답했지? 아주 속상했겠다. 학생이 규칙을 잘 지키는 것은 옳은 일이야! 그러나 그렇지 않은 친구도 있다는 것도 알아야 할 것 같아. 규칙을 지키지 않은 것은 너의 잘못도 아니야. 오히려 그럴 땐 선생님께 맡기는 것이 나았을 거야! 아들, 오늘 마음 고생했네! 너무 힘들었겠다." 아들은 금세 마음이 풀렸다. 그렇게 세상을 배워나가는 아들이 대견했다.

우리는 알게 모르게 내 생각을 다른 사람들에게 강요할 수 있다. 하지만 그것 자체가 옳지 않은 일임을 어른이 되어서 알았다. 예전에는 나와 다르면 그냥 "쟤는 틀렸어!"라고 말하며 배척했다. 모두가 나와 맞을 수도 없고 모두가 친구가 될 수도 없다. 본능적으로 인간은 자기와 결이 맞는 사람을 찾는다. 내 편인 사람에게 마음을 쏟는 일만으로도 빠듯하다. 또한, 나와 다르다고 그리 적대적일 필요도 없다는 것을 배운다.

나는 멀리서 보면 엄청 외향적이고, 사람을 좋아하는 사람으로 보인다. 그러나 목적성이 있는 관계를 하는 편이다. 여행을 가서 유적지를 보는 것에 의미를 부여하는 사람이다. 관계는 덤이다. 하고 싶은 것도 많고 궁금한 것도 많은 사람, 눈치가 너무 빨라서 낄낄빠빠가 잘 되는 사람이다. 어린 시절부터 승부욕이 있었다. 주어진 일에 열심을 다해 끝까지 해내고 인정받기를 원했다. 스스로 무엇인가를 성취하게 되면 큰 희열을 느꼈다.

대학 졸업을 앞두고 피아노 학원에서 아르바이트했다. 내 일처럼 열심히 했다. 아이들을 좋아하고 학부모와 소통을 잘하니 원장님도 인정해 주었다. 내가 열심히 한 이유는 월급을 올려달라는 명분을 만들기 위함이었다. 1994년 당시에 비전공자 선생님 월급은 35만 원 정도. 내 학원처럼 열심히 일하고 아이들이 나를 좋아하니 결국 월급을 올려 주셨다. 훗날에는 원장님이 그 학원을 내게 맡기시고 유학을 가시기도 했다. 그렇게 무슨 일을 해도 주체적으로 내 일처럼 하니까 어디서든 나를 반겼다.

결혼 생활은 만만치 않았다. 아마도 내 생에 가장 어렵고 힘든 것은 남편과의 매우 다름에서 오는 삐걱거림이었다. 야망이 있는 나의 결혼 생활은 뜻대로 되지 않다 보니 억울하고 답답한 마음이 컸다. 그 시절 나는 신앙을 갖게 되었다. 눈물로 그분에게 나의 원망을 토해냈다. 그러면 그럴수록 나의 연약함과 나의 찌질함과 나의 죄성을 들여다보게 되었다. 그런 죄 많은 나를 사랑하시는 분이 계신다는 것을 알게 되었다. 내게 주신 새 힘으로 억울함이 아닌 감사함으로 살아갔다. 세상 그 어떤 누구도 함부로 대할 수도 없다. 나와 다른 남편을 바꾸려는 내가 잘못된 것을 깨달았다. 다름을 인정하는 것도 배웠다. 인생에 있어서 한 치 앞을 내다보지 못하며 징징거리는 나를 만났다. 절대자 앞에서 오롯이 나를 인정하게 되는 많은 시간이 나를 좀 더 겸손하게 했다. 세상에 대해 나를 나라고 소리칠 필요도 없다. 좀 못나면 못난 것을 인정하면 되었다. 멋있는 사람을 보면 멋있다고 인정하고 사는 것이다. 그게 참 자연스러운 것을 깨닫고 모든 일에 여유가 생겼다. '그냥 그럴 수도 있지' 하며 산다.

지금이라면 아들 초1 시절의 그녀와의 대화에서도 그냥 미안하다고 말하고, 무엇을 도와주면 좋겠냐고 말할 수 있었을 텐데. 아들에게도 말하고 싶다. 사람에게 맞추는 것이 아니라 너에게 주어진 일에 최선을 다하라고. 즐겁게 살아가다 보면 너를 소중히 여겨주는 사람이 하나둘씩 생긴다고. 그래서 나를 귀하게 여겨주는 사람을 나도 귀하게 여기면 된다고 말이다. 굳이 모두가 내 편일 필요도 없다. 나를 존중하는 조언은 진짜 사랑이다. 그러나 나에게 수치스러움을 주며 충고하는 사람은 굳이 내가 소중히 여길 필요도 없다. 타인에게 조언이라고 말하면서 자신이 위에 있는 것을 증명하고 싶은 사람이라면 그냥 '그러려니, 참 안됐다'라고 여유를 부릴 수 있었으면 좋겠다. 사회에서 어려운 상사나 동료를 만나도 '그러려니'하며 가볍게 넘기는 내공을 키워나가길 바란다.

관계의 온도를 적정하게 유지할 때와 끌어올려야 할 때를 안다면 모두가 안전한 관계를 유지할 수 있다. 적어도 나의 삶에선 그렇다. 때로는 중요하지 않은 사람으로 성을 내고 있다면 스위치를 꺼보자. 나를 귀하게 여기지 않는다면 그냥 '그러려니'하고 말이다.

나를 사랑하는 것, 그건 단지 거울을 보며 "나는 괜찮아"라고 말하는 것으로 끝나지 않는다. 불편한 상황 앞에서 나의 경계를 지키는 일에서 시작된다. 그 경계를 지키고 있을 때, 우리는 타인의 다름도 수용할 수 있다. 지금 나는 여전히 배우고 있다. 적절한 거리에서 예의를 갖춘다. 우리는 모두 존중받아야 마땅하고 소중한 존재이다. 애써서 아는 게 아니라 인간은 원래 가치있다. 그렇게 자신이 소중함을 느끼길 바란다.

"우리 모두는 소중합니다. 사랑하고 축복합니다."

엮임은 따뜻했고, 얽힘은 뜨거웠다

이은정

"넌 왜 그렇게 인간관계를 쉽게 정리하니?"

"넌 좀 차가워. 나 같으면 못 그랬을 거야."

최근 지인이 한 말이다. 그냥 흘려들을 수도 있었지만, 이상하게 오래 마음에 남았다. 그때는 굳이 해명하지 않았다. 어쩌면 그 말이 맞는 것 같기도 했다. 나는 사람에게 쉽게 정이 가지 않았고, 불편하면 금세 거리를 뒀다. 그게 쿨하고, 나를 지키는 방식이라고 믿었다. 지금 돌아보면, 그건 나를 지키는 게 아니라 얽히는 게 두려워 피한 거였다. 진짜 문제는 차갑게 사는 것도, 깊게 얽히는 것도 아니었다. 정작 나는 엮이는 법을 몰랐던 거다.

25살 여름. 야근을 마치고 집에 가던 길이었다. 남자 친구에게

서 장문의 메시지가 도착했다. "넌 항상 너 일만 중요하고, 나는 부수적인 것 같아. 보고 싶다고 해도 늘 '오늘은 힘들어'라는 말뿐이고… 넌 내가 배려하는 걸 당연하게 여기는 것 같아." 처음엔 억울했다. 나도 그를 좋아했고, 나름대로 표현하고 있다고 생각했다. 그랬다. 단 한 번도 내 감정을 제대로 표현한 적이 없었다. 기뻐도, 불안해도, 미안해도 늘 '괜찮아', '고마워' 같은 중립적인 말로 감정을 감췄다. 그건 내 방식이었다. 얽히고 복잡해질 바엔 적당한 거리에서 무난한 관계를 유지하는 게 안전하다고 믿었으니까! 그는 끈끈하게 얽히기를 원했고, 나는 자꾸 빠져나오고 있었다.

"언제부터 그렇게 조심하게 됐어요?"

심리상담 공부를 하던 시절, 슈퍼바이저가 내게 던진 질문이었다. 고등학교 1학년, 전교 부회장이던 친구와 가까이 지냈다. 커트 머리에 키가 컸고, 다른 반 아이들에게까지 인기가 많았다. 사람들과 잘 어울리는 활발한 아이였다. 어느 날부터 주변 아이들이 나를 피하기 시작했다. "얘가 걔랑 친하다며?" 누군가가 말했다. 나를 피하는 이유가 친구와의 관계 때문임을 알았다.

그 일 이후, '너무 가까워지지 않는 법'을 익혔다. 과하지 않게 친해지고, 언제든 거리를 둘 수 있는 관계. 그렇게 하면 안전하다고 믿었다. 지금 보니, 그건 나를 보호한 게 아니라 스스로를 고립시킨 울타리였다. 이후 새로운 방식으로 관계를 맺었다. 예전처럼 쉽게 끊어내지도, 무작정 붙잡지도 않았다. 무엇보다 각자의 감정을 각자의 몫으로 인정하는 연습을 했다.

남자 친구에게도 말했다. "내가 피곤하다고 말하는 건 오빠를 사랑하지 않아서가 아니야. 그냥 오늘 내 하루가 그런 거야. 오빠가 서운한 건 오빠 감정이야. 우리가 각자의 감정을 책임지고 나누는 게 진짜 가까워지는 거 아닐까?" 한참을 침묵하던 그가 입을 열었다. "음. 처음으로 너랑 연결된 느낌이 들어."

대학에서 친하게 지내던 동료 교수가 강의를 그만두게 됐다. 마지막 날, 그녀가 말했다. "이 선생은 내 얘기를 묵묵히 들어준 유일한 동료였어요. 조언하려 하지 않고, 그냥 내 말을 그대로 들어준 사람이 없었거든요." 그냥 귀 기울였을 뿐이다. 그녀의 슬픔과 피로를 내가 대신 해결해 줄 수 없다는 걸 알고 있었다. 문제를 풀어주는 해결사가 되기보단, 조용히 함께 있는 사람이 되고 싶었다. 그게 오히려 더 깊은 연결을 만들었다.

강의 시간, '마음의 거리'를 주제로 이야기하던 중이었다. 한 학생이 손을 들고 말했다. "저는 부모님하고 너무 가까워서 숨이 막혀요. 뭐든 보고하고, 감정을 공유하지 않으면 이해받지 못한다는 압박이 있어요." 다른 학생이 웃으며 맞장구쳤다. "전 반대예요. 우리 집은 마음의 거리가 너무 멀어요. 무슨 일이 있어도 서로 관심이 없어요." 잠깐의 침묵과 호흡 명상 후, 강의를 이어갔다. "관계는 온도예요. 너무 뜨거우면 지치고, 너무 차가우면 얼어요. 오래 유지되는 건 미지근한 온기 아닐까요?" 학생들이 고개를 끄덕였다. 그날 '엮임'이라는 단어를 다시 떠올렸다. 적당한 온기 속에서 연결된 관계, 그것이 우리가 회복해야 할 관계의 기술이었다.

작년 겨울, 밤 10시경 오랜 친구의 전화. 부모님이 돌아가셨고, 장례도 마쳤다고 했다. 특별히 할 말이 있는 건 아니지만 얼굴을 보고 싶다고 했다. 집 근처 공원 주차장에서 만났다. 친구는 이미 도착해 차 안에 있었다. 조수석 문을 열고 앉았다. 차량 내부는 조용했고, 히터 소리만 들렸다. 친구는 두 손으로 핸들을 잡은 채 창밖을 보고 있었다. 몇 분이 지나 친구가 말했다. "사실 넌 나랑 그렇게까지 친하진 않았잖아. 근데 지금 생각나는 사람은 너밖에 없더라." 나는 고개를 끄덕이며, 살며시 그녀의 손등 위에 손을 얹었다. 서로 말없이 같은 방향을 바라보며 앉아 있었다. 15분 정도 정적이 흐른 뒤, 그녀가 말했다. "나와줘서 고마워." 엮인다는 건 말이 아니라 마음의 온도였다. 내가 대신 울어줄 수도 없었고 위로의 정답을 말할 수도 없었다. 그저 함께 있어 주는 것만으로도 연결은 만들어졌다.

얽히는 관계는 경계를 흐리게 한다. 엮이는 관계는 서로를 살린다. 관계에 지칠 때마다, 나에게 묻는다.

첫째, 이 감정은 누구의 몫인가? 몇 년 전, 지인이 매일 우울함과 걱정을 털어놓았다. 처음엔 진심으로 위로하고 응원했다. 점점 그의 감정을 함께 짊어지고 있다는 느낌이 들었다. 하루는 그의 전화를 받고 한참을 멍하니 앉아 있었다. 내 감정은 온데간데없고, 그의 감정만 머릿속에 가득했다. 그때 깨달았다. 그의 슬픔은 내가 해결할 수 없으며, 그건 그의 몫이라는 걸.

둘째, 나는 솔직하게 말하고 있나? 프로젝트를 함께 진행하던 동료 교수가 있었다. 그는 자꾸 일을 미루었고, 내 업무는 늘어났다. 나는 괜찮은 척하며 감당했지만, 속은 곪아갔다. 프로젝트가 끝난 회식 자리에서 그가 말했다. "이 선생은 늘 착하잖아. 다 감당하잖아" 얼굴이 빨갛게 달아올랐다. 처음으로 솔직히 말했다. "저도 힘들 때 있어요. 다음엔 교수님이 책임지고 진행해 주셨으면 해요!" 마음이 한결 가벼워졌다. 솔직함은 관계를 해치지 않았다. 오히려 나를 지켜줬다.

셋째, 상대와의 거리는 건강한가? 지인과 매일 연락하던 시기가 있었다. 아침 인사부터 밤늦은 고민 상담까지. 어느 순간, 메시지 알림만 울려도 숨이 막혔다. '오늘도 답장해야 하나'라는 부담에 관계가 짐처럼 느껴졌다. 며칠 거리를 두자, 지인이 물었다. "나랑 이제 안 만나는 건가?" 나는 조심스럽게 말했다. "매일 연결되지 않아도 우린 동반자죠. 저에겐 적당한 거리가 오히려 관계를 오래가게 해요." 그는 망설였지만, 받아들여 줬다. 지금까지도 우리는 편안한 거리에서 따뜻하게 엮여 있다.

그렇다. 얽힘은 뜨겁지만 오래가지 못한다. 서로의 감정에 휘말리고, 기대다가 결국 무너지기 때문이다. 반면, 엮임은 따뜻하다. 적당한 온기로 오래 연결된다. 얽힘이 감정에 휘말리는 것이라면, 엮임은 감정을 나누는 것이다. 가까워지고 싶다면, 먼저 내 마음의 경계를 그릴 수 있어야 한다. 무조건 맞춰주는 것도, 냉정히 선을 긋는 것이 아니다.

관계의 온도는 너무 차가워도, 너무 뜨거워도 안 된다. 미지근할 때 오래간다. 서로 다른 존재로 서 있으면서도 여전히 이어져 있는 상태. 그게 진짜 엮임이다. 결국, 엮임은 설명보다 존재로 완성된다. 말보다 마음이 먼저 닿는 순간, 우리는 진짜로 연결된다. 오늘 가까운 관계를 떠올려 보자. 지금 우리는 얽혀 있는가? 엮여 있는가?

묵묵히 곁에 있어 주는 사람

이향숙

나는 지금 누구와 가장 가깝고 친밀한 관계를 맺고 있을까?

이 질문에 고민 없이 떠오른 사람은 남편이다. 만약 남편에게 같은 질문을 한다면 그는 뭐라고 대답할까 궁금하기도 하지만, 굳이 묻지 않았다. 남편의 생각을 알 수는 없겠지만…. 말로 확인하지 않아도 아는 것, 오랜 시간 함께 살아오면서 우리 사이엔 자연스레 신뢰가 생겼기 때문이다.

30년 가까이 한집에서 살다 보니 우리는 서로의 '공기' 같은 존재가 되었다. 특별한 말을 하지 않아도 알아주는 사이. 그저 옆에 있어 주는 것만으로도 위로가 되는 사이. 누군가는 나이가 들면서 부부가 함께 있는 것보다 혼자 있는 시간이 더 좋다고들

한다. 그래도 난 남편과 함께 있는 시간이 편하고 좋다.

　남편은 키는 작지만 등발이 있다. 이제는 점점 몸이 왜소해진다. 반면, 내 몸은 남편의 몸과는 정반대로, 옆으로 조금씩 더 넓어지고 있다. 조금씩 변하는 내 모습을 한동안 몰랐다. '내 몸의 주인은 나'라고 하지만, 가족들이 더 많이 걱정해 주었다. 어느 날, 거울에 비친 내 모습을 보며 '이러면 안 되겠다'라는 생각이 들었다. 몸의 넓이를 조금씩 줄여 가기로 했다. 아프지 않고 건강하게 살기 위해, 주말에 시간을 내어 남편과 함께 집 근처 산을 오른다. 덩치가 있어서 조금만 올라가도 숨이 차오른다. 숨을 헐떡거리며 잠시 멈추면, 남편은 앞서가다가도 어느새 내 속도에 맞춰 기다려 준다. 그는 절대 재촉하지 않는다. 기분이 좋아진다. 산을 오르며 자연스럽게 대화를 나눈다. 큰아이는 첫 직장에서 적응은 잘하고 있는지, 졸업을 앞둔 작은아이의 취업 걱정, 시골에 혼자 계신 어머니 이야기, 회사에서 받는 스트레스, 우리 부부의 노후 준비까지. 숨을 고르며 이런저런 대화를 나누다 보면 고마움과 미안함, 그리고 안쓰러움이 더 커진다. 둘이 경제활동을 하고 있지만, 안쓰러운 마음에 내가 더 할 수 있는 것은 없는지 찾게 된다. 그 사람보다 내가 더 많이 그 짐을 질머 지고 싶다.

두 번의 제사, 벌써 2년이 지났다. 50대 초반에 유방암으로 세상을 떠난 막내 시누이. 자식을 먼저 떠나보낸 부모의 마음은 그 어떤 표현으로도 다 할 수 없는 아픔과 고통일 거다. 전라도 광주에서 살던 막내 시누이는 수술과 치료를 위해 수원에 있는 대학병원으로 오게 되었다. 수술 후 병간호를 위해 어머니가 우리 집에 오셨다. 언제 끝날지 알 수 없었다. 집에 누가 온다는 것에 부담감이 있어 우리 부부가 주로 가는 편이었다. 물론 친정 가족도 포함해서. 불편하고 당황스러웠다. 하지만 '오지 말라'고 말할 용기도 없었다. 마음속에선 혼란스러웠지만, 자연스럽게 내가 항암 치료를 받으며 암과 싸우던 기억으로 이어졌다. 그때 괜찮냐고 묻지 않았다. 아픈 것이 내 잘못인 것처럼 느껴졌고, 그냥 묵묵히 이겨냈다. 시누이의 아픔에 더 깊이 공감할 수 있었다.

 당시 나는 교대 근무를 했기에 야간 근무 후에는 마음 편히 쉴 수 없었다. 그런 상황 속에서 남편에게 서운한 마음도 들었지만, 서로의 처지를 이해하려고 했다. 물론, 막내 시누이는 요양원과 다른 남매 집을 번갈아 오가며 지내긴 했지만. 병원과 요양원이 직장에서 가까운 곳에 있어 그 아픔을 좀 더 가까이에서 지켜볼 수 있었다. 입맛을 돋울 수 있는 음식을 만들어서 출근길에 갖다주기도 했고. 하지만 항암 치료가 잘 듣지 않아 더는 치료가 어려운 상황이 되었다. 그즈음 군대를 막 제대한 막내 시누이 아들이 요양원의 배려로 함께 있으면서 병간호했다.

  몸 상태가 좋지 않아 다시 병원에 입원한 어느 날, 막내 시누이가 남편에게 전화를 걸어왔다. 계란말이, 감자볶음, 어묵볶음, 제육볶음 등을 짜지 않게 해달라는 부탁이었다. 남편은 아침 일찍 어디를 가야 한다며 거절하려고 했다. 내 눈치를 보는 것 같았다. 통화 내용을 옆에서 듣고 있던 터라 나는 말 없이 눈짓으로 '내가 할게'라고 전했다. 그날 아침, 정성을 다해 음식을 만들어 병원에 갔다. 코로나로 직접 만날 수는 없었지만, 조카에게 음식을 전달하며 마음을 전했다.

  얼마 후 막내 시누이는 다시 요양원으로 갔고, 평소 그녀가 좋아하는 음식 몇 가지를 만들어 요양원으로 찾아갔다. "곧 도착할 거야."라고 전화하자 "1층으로 내려올게."라던 시누이는 끝내 나타나지 않았다. 조카 혼자 내려왔다. 엄마도 내려오려고 했는데… 통증이 너무 심해 움직일 수 없다고… 삼촌 보려고 했는데… 라며 엄마의 상황을 설명해 주었다. 순간 울컥했다. 얼마나 아프면 그랬을지. "오빠! 오빠!" 하면서 오빠를 좋아했는데……. 뒤돌아 먼 곳을 바라보았다. 눈물을 보일 수 없었다. 그 후 2주도 지나지 않아 살아생전 보지 못한 채, 막내 시누이는 아버지 곁으로 먼 소풍을 떠났다.

  전화기 속에 아직도 그대로 남아 있는 막내 시누이의 전화번호. 우리가 주고받았던 카카오톡 대화들이 가끔 눈시울을 적신다. 이제는 그리운 가족이 되었다. 시누이와의 관계가 특별히 친밀하진 않았지만, 시댁 식구 중에서 가장 자주 대화를 나눈 사람이었다. 때로는 짜증나게 하는 행동도 하고 걱정을 끼치기도 했지만, 지금은 그 사람이 문득 떠오르고, 그립고, 많이 보고 싶다.

상담자로서 다양한 내담자를 만나며 관계의 어려움을 함께 나누다 보면, 소통의 중요성을 절실히 느낀다. 모든 관계에는 의도하지 않은 오해가 자리하고 있다. 관계에서 어려움을 겪는 내담자에게 종종 '소와 호랑이의 사랑 이야기'를 들려주곤 한다. 소와 호랑이는 첫눈에 반해 결혼했고, 서로에게 최선을 다했다. 소는 호랑이를 위해 가장 맛있는 풀을, 호랑이는 소를 위해 가장 맛있는 고기를 주었다. 서로가 원하는 것이 달랐고, 결국 다툼이 생겼다.

사랑하는 사이에도, 친밀한 사이에도, 상대방의 욕구를 이해하지 못하면 갈등이 생긴다. 상대방에게 최선을 다하고 있지만, 누가 더 최선을 다했는지 비교할 수는 없다. 진짜 사랑은 상대의 기준에 맞추는 것이니까. 배려는 내가 좋아하는 것을 주는 것이 아니라 상대방이 원하는 것을 주는 거다. 즉, 상대가 원하는 말과 행동을 하는 것, 그리고 상대가 싫어하는 행동이나 말을 피하는 것이 진정한 관계를 잘 맺는 방법이 아닐까? 그러니 모를 때는 내 방식대로 결정하지 말고, 상대방에게 물어보면 어떨까? 말과 표정, 행동으로 조심스럽게 물어보는 것이 관계의 중요한 부분이다.

"말하지 않아도 알아줬으면" 하는 마음. 그 마음조차 때론 오만일 수 있다. 결국, 관계는 말하지 않으면 모르는 거다. 말하지 않아서 어긋나고, 묻지 않아서 멀어진다. 진심이 통하는 관계는 그렇게 단순해 보이지만 어렵다. 다만, 그 어려운 길을 가는 사람이 곁에 있다는 건, 인생에서 가장 큰 축복이다.

착한 사람이 가장 외롭다

임해숙

"그 사람은 정말 친절한데… 이상하게 마음이 불편해."

누군가가 이렇게 말했을 때, 고개를 끄덕일 수밖에 없었다. 나 역시 친절한 사람이라 여겼기 때문이다. 동시에 그런 친절함에 자주 지쳐있었다.

몇 년 전, 교육 봉사활동을 함께 하던 선생님이 있었다. 그는 행사 준비나 문서 작성 등 다양한 업무에서 반복적으로 도움을 요청했다. 나는 단 한 번도 No라고 말하지 않았다. 회의 시간 변경이 필요한 경우 내 일정을 조정했다. 교육자료 마감이 촉박할 땐 그의 몫까지 대신 만들었다. 한 번은 프린트 잉크가 떨어져 자비로 재료를 인쇄했고, 장거리 이동 시에는 차를 함께 타고 가자고 하면 언제나 목적지와 상관없이 동의했다. "선생님 덕분에 너무 수월했어요"라고 말했다. 또 안심. 정작 내 일정은 자주 변경되었고, 개인 시간은 계속해서 줄어들었다. 체력도 점점 소진됐다. 과로로 인한 편두통 증상이 반복되어 병원 진료 예약을 세 번 연기한 끝에야 진료받을 수 있었다.

처음으로 명확하게 자문했다. 왜 나는 한 번도 거절하지 않았을까? 도와주는 사람이라는 이미지를 유지하기 위해 거절하지 않는 역할을 무비판적으로 수용했다. 자발적 봉사가 아닌 나를 희생하며 버티는 시간이었다. 자기 보호와 이미지 유지가 결합된 방어적 선택이었다. 지인의 부탁은 점점 늘어났다. 행사 장소 예약을 대신 해주고, 발표 자료를 수정해 주고, SNS 홍보 글까지 작성해달라는 요청이 이어졌다. 알았다며 응했지만, 내 일정은 늘 후순위로 밀려났다. 어느 날은 지인의 부탁으로 만든 행사 홍보물이 사용되지도 않았다. "미안해요, 갑자기 다른 방식으로 진행됐어요." 말 한마디로 끝난 거다. 제작에 3시간 넘게 소요된 일이었는데. 항의하지도, 실망했다는 표현도 하지 않았다. 그저 괜찮다고 했다. 실제로는 괜찮지 않았다. 내 말은 항상 관계를 유지하기 위한 최소 표현으로만 머물렀다.

"엄마, 나 오늘 진짜 힘들었어."

"그래도 너는 잘하고 있어."

한번은 아들이 집에 돌아와 말했을 때, 반사적으로 대답했다. 아들은 추가로 아무 말도 하지 않고 방으로 들어갔다. 입을 다문 채 가방을 내려놓고, 조용히 방문을 닫았다. 아들의 일상을 물어보지 않았고, 어떤 상황에서 힘들었는지 구체적으로 들으려는 시도도 없었다. 그날 밤, 아들의 말투와 표정을 오래 떠올렸다. 분명 처음 꺼낸 말의 어조는 평소보다 낮고 힘이 없었다. 상황을 정확히 이해하려는 시도 없이 위로의 말로 대화를 빠르게 종료시켰다. 지금 생각하면 그 말은 위로가 아니었다. 공감도 아니었다. 그건 빨리 힘든 얘기를 그만했으면 하는 내 불편함의 결과였다. 아들의 불편한 감정을 나 스스로 감당하기 어려워 회피한 반응. 결과적으로 아들은 감정을 표현하지 않게 되었고, 이후 며칠간 사소한 이야기조차 줄었다. 위로는 때때로 말이 아니라 그 마음을 충분히 들어주는 여유에서 온다. 다짐했다. 누군가 내게 다가와 자기 마음을 건넬 때, 그 감정을 받아줄 준비부터 하자고. 괜찮다고 말하기 전에 그 마음부터 먼저 들어주는 사람이고 싶다.

하루는 오랫동안 함께 일한 동료가 사무실에서 보이지 않았다. 처음엔 병가나 외근한다고 생각했다. 출근 기록표에는 공란이었고, 메신저도 며칠간 응답이 없었다. 3일 후 인사 담당자를 통해 그의 퇴사 소식을 전해 들었다. 공식적인 퇴사 메일도 없었고, 팀원에게 인사 한마디 남기지 않았다. 인사팀에 확인해 보니, 이미 일주일 전에 퇴사서가 접수되어 있었고, 모든 절차는 조용히 마무리된 상태였다. 괜히 마음이 무거웠다. 가까운 줄 알았는데 그는 아무 말도 하지 않다니. 거의 매일 아침 인사를 주고받았다. "잘 지내요?", "요즘은 좀 어때요?"라는 말은 빠짐없이 건넸었다. 생각해 보니 대화는 늘 형식적이었다. 그 또한 "네, 뭐 그냥 그렇죠"라고 말하면 나는 대충 고개를 끄덕이고 지나갔다. 최근 몇 달 사이 점점 말수가 줄었고, 퇴근 시간이 늦었다. 점심시간에도 혼자 자리를 지키는 모습은 종종 눈에 띄었고.

한 번은 그가 마감 시간 직전까지 자리에서 엑셀 시트를 붙잡고 있었고, 그날 회의에서 단 한마디도 하지 않았다. 누가 봐도 피곤해 보였다. 업무에 몰입하기보다는 지쳐있는 느낌이었다. 도와주겠다는 말보다 고생이 많다는 말만 했다. 그의 상태를 자세히 묻지 않았다. 커피 한 잔을 권하거나 잠깐 산책이라도 권유한 적도 없었다. 그저 '일이 많아서 그런가 보다, 개인적인 일이 있겠지…' 하는 추측만 반복했다. 정작 그는 조용히 조직을 떠났고, 뒤늦게야 알았다. 퇴사 당일도 책상 위에는 정리된 노트북과 반납된 출입 카드만 덩그러니 놓여있었다. 어쩌면 그의 상태를 정확히 알지 못했던 건 그가 말하지 않아서가 아니었다. 내가 그를 진심으로 살펴보려 하지 않았기 때문이었다. 내가 그에게 했던 말은 많았지만, 그가 정말로 들려주고 싶은 이야기를 들으려는 태도는 부족했다. 웃으며 괜찮냐고 말했지만, 진짜 괜찮지 않았을지도 모른다는 가능성엔 눈 감고 있었던 거다.

사람들은 종종 친절하면 가까운 관계라고 생각한다. 하지만 진짜 가까운 관계는 불편한 마음을 나눌 수 있는 사이다. 의례적인 배려나 반복되는 예스에서 오는 것이 아니다. 모든 게 괜찮은 척, 늘 웃는 척하는 사이엔 의외로 깊은 벽이 있다. 침묵이 무례가 되지 않는 관계야말로 실제적 '가까움'이다.

나에게 묻는다. 내 친절은 상대를 위한 것인가 아니면 나 자신을 보호하기 위한 것인가? 우리는 관계를 지키기 위해 내 감정을 속이고, 상대의 경계를 넘나들곤 한다. 상대의 경계를 침범하는 친절을 무심코 반복하는 거다. 관계는 잘해주는 게 아니라 서로의 경계를 존중하면서 머무는 거다.

진짜 연결은 말이 아니라 태도에서 시작된다. 내 감정도 존중하면서 타인을 향한 배려를 지키는 게 필요하다. 괜찮은 척하지 않아도 된다. 물론 말은 아껴도 괜찮다. 표현하지 않아도 마음은 충분히 전달될 수 있으니까. 상대를 있는 그대로 바라보는 태도. 진심으로 머물러주고, 조용히 들어주는 그 태도 하나면 관계는 다시 연결될 수 있다. 여전히 배워간다. 착한 사람보다 편한 사람이 되는 법을.

좋은 사람이 되려 애쓰는 동안, 내 감정을 가장 소홀히 여겼다. 괜찮다고 말하지 않아도 괜찮은 관계, 잠시 멀어져도 온기를 느낄 수 있는 관계야말로 '온도'를 오래 지키는 관계다. 이제, 그런 관계를 향해 천천히 나아간다.

의사소통은 기술이 아니라
태도와 관심이다

조시원

부부 사이에 진심 어린 사랑과 배려가 쌓이면, 어느 순간 말하지 않아도 마음이 전해지는 기적 같은 일이 일어난다. 어느 남편의 이야기가 떠오른다. 평소 새벽 5시에 일어나 독서를 즐기던 그는, 어느 날부터인가 그 시간을 접고 아내의 발을 30분씩 마사지해 주기 시작했다. 처음엔 "왜 갑자기 이러지?" 싶던 아내는, 점차 그 손길 안에 담긴 따뜻한 관심과 사랑을 느낄 수 있었다고 했다. 단순히 피로를 덜어 주는 행위가 아니라, "내가 당신의 하루를 알고 있어요"라는 말없이 전하는 마음의 표현이었을 것이다.

그의 아내는 하루 종일 고객의 이야기를 듣고 상담하며 지쳐 있었다. 어느 날, 입에 단내가 나도록 힘든 하루를 털어놓으려던 순간, 남편이 "나도 힘들어"라고 반응했다면, 그것은 갈등의 도화

선이 되었을지도 모른다. 그러나 그는 달랐다. 아내의 말을 다 들은 뒤 허허 웃으며 이렇게 말했다고 한다. "그랬구나. 이제 좀 쉬어. 내가 정리할게." 그 한마디에 아내는 눈물이 핑 돌았다고 했다. 진심 어린 공감은 거창한 말이 아니라, 사소한 태도에서 시작된다. 결국, 사랑은 상대를 바라보는 마음의 방향에서 비롯된다.

부부든, 사업 파트너든 오랜 시간 관계를 이어가려면 단순한 감정 이상의 것이 필요하다. 서로의 역할을 존중하고, 배려와 지혜로운 소통이 뒷받침되어야 한다. 다툼 없는 관계는 없다. 살아온 문화와 습관, 가치관이 다르기 때문이다. 갈등을 어떻게 다루느냐가 더 중요하다. 손바닥도 마주쳐야 소리가 나듯, 언쟁이 생길 때 잠시 자리를 피하고, 감정을 가라앉힌 뒤 차분하게 이야기 나누는 것. 그런 성숙한 소통이 관계를 살린다.

인간의 관계가 얼마나 냉정하고 잔인할 수 있는지, 여러 관계가 있는지를 보여주는 한 가지 예다. 지금은 수백억 원대 자산을 가진 기업이지만, 그 시작은 작은 사무실이었다. 두 파트너 사이에는 말 없는 신뢰와 역할 분담이 있었다.

파트너 관계는 남자의 이중적 관계가 종말로 끝을 맺는다. 평생 갈 것으로 믿었던 여자는 충격적인 진실을 마주했다. 처음에는 단순한 행정 착오라고 여겼지만, 퍼즐을 맞추듯 진실이 드러나자 그녀는 상실감에 무너졌다. 긴 시간 동안 마음은 타들어 갔고, 억울함은 분노와 오기로 바뀌었다. 무엇보다도 그녀를 슬프게 한 것은, 오랜 시간 동안 자신이 관계에서 얼마나 소외되어 있었는지를 자각한 일이었다. 자신들이 믿음으로 이어져 있었다고 여겼지만, 실상은 오랫동안 서로의 마음을 묻지 않은 상태였다는 사실을 깨달았다. 결국, 관계를 무너뜨린 것은 30년 넘는 침묵 속 상대 이기심의 극치와 이중인격이었다. 소통은 사랑의 표현이고, 무관심은 관계의 종말이다. 침묵 속에 자라난 종말의 행위는 가장 깊고 고통스럽고 한을 품게 만들 것이다.

관심을 기울이는 태도는 단지 남녀 사이에만 필요한 게 아니다. 나는 상담 현장에서 건강하지 못한 분들을 만난다. 직접 만나기도 하고, 영상이나 전화를 통해서도 이야기를 듣는다. 그들은 대부분 몸보다 마음이 먼저 아프다. 오랜 질병으로 인한 무력감, 가족들의 무관심, 고립된 생활. 상담 초반에는 질문을 던져도 "잘 모르겠어요"라며 자신을 감추는 이들도 많다. 내가 눈을 맞추고 고개를 끄덕이며, "그랬군요. 정말 힘드셨겠어요"라고 공감하며 진심을 말해준다. 서서히 얼굴 혈색이 달라진다. 기운 없던 말투가 생기를 띠고, 조금씩 삶의 이야기를 꺼내기 시작한다. 그때가 바로 진정한 소통과 관계의 시작이다. 누군가 자신을 들어

주고 있다는 느낌. 신뢰의 순간이 쌓여 치료의 문도 열린다. 상담자는 정보를 주는 사람이 아니다. 마음을 여는 사람이다. 그 문을 여는 열쇠는 말재주가 아닌 관심과 태도다.

직장에서도 마찬가지다. 상사가 부하직원에게 "괜찮아?"라고 물으며 휴대폰에서 눈을 떼지 않는다면, 그건 진짜 질문이 아니다. 무심한 표정, 형식적인 말투다. 그런 대화는 그저 말의 전달일 뿐, 진정한 소통이라 할 수 없다. 마음이 열리지 않는다. 아이가 학교에서 있었던 일을 자랑스럽게 얘기할 때, 엄마가 TV를 보며 "응, 그래. 잘했네"라고 대답한다면 아이는 더 이상 말을 이어가고 싶지 않을 거다. 관심 없는 대화는 말의 껍질만 있을 뿐, 영혼이 없다. 점점 상대방은 말하고 싶은 마음을 잃는다. 결국, 소통의 핵심은 말이 아니라 마음이다. 진심 어린 경청과 공감하는 한마디가 어떤 화려한 언변보다 더 상대를 움직인다. 그 사람의 표정, 눈빛, 몸짓에서 진심이 느껴질 때 들었다고 느낀다. 평소 진심 어린 태도는 말보다 강한 메시지를 전달한다. 즉, 말의 유무가 아니라, 마음의 유무가 진짜 소통을 결정한다.

기억에 남는 또 하나의 장면이 있다. 강의 중 한 참가자가 손을 들고 말했다. "선생님, 저는 남편과 거의 말을 나누지 않아요.

제가 무슨 말을 하든 늘 '그래서?'라고 반응해요. 이젠 말 걸고 싶지도 않아요." 그녀의 눈가엔 지친 삶의 그림자가 드리워져 있었다. 이렇게 말했다. "상대의 반응이 변하기를 기다리기보다, 먼저 마음을 표현해 보세요. '오늘 이런 일 있었어.', '이 말이 하고 싶었어.'처럼. 작지만 진심 어린 표현이 관계를 바꾸는 시작입니다." 몇 주 뒤 감사 편지를 보내왔다. 남편은 여전히 무심하게 구는 날도 있었지만, 조금씩 대화가 길어졌고, 어느 날은 남편이 먼저 "그땐 내가 미안했어"라고 말했다고 했다. 작은 표현이 큰 변화를 만든다. 말 잘하는 사람보다, 먼저 손 내미는 사람이 관계를 바꾼다.

우리는 의사소통을 흔히 '말의 기술'이라고 생각한다. 발표를 잘하는 사람, 프레젠테이션이 유창한 사람을 보며 감탄한다. 말이 능숙하다고 해서 그 사람이 좋은 소통자일까? 아니다. 상대가 내 말을 듣지 않았다고 느끼거나, 상처를 받는다면 그건 말이 화살이 된 경우다. 말에는 기술이 담기지만, 마음에는 사랑이 담긴다. 그리고 진심은 어떤 훈련보다 강하다.

의사소통의 본질은 상대에 대한 태도다. 내가 누군가의 이야기에 마음을 열고 귀를 기울일 때, 상대는 나를 통해 회복될 수 있다. 그게 말의 힘이다. 친구가 "요즘 많이 힘들어."라고 말할 때

"그래서 어쩌라고?"가 아니라 "무슨 일 있었어?"라고 묻는 것. 실수한 동료에게 "왜 그랬어?"가 아니라 "많이 당황했겠구나"라고 말해주는 것. 그런 태도에서 진정한 소통은 시작된다. 공감은 기술이 아닌 태도이며, 그 안에 담긴 마음이 사람을 움직인다.

김춘수 시인의 「꽃」에 이런 구절이 있다. "그의 이름을 불러 주었을 때, 그는 나에게로 와서 꽃이 되었다." 우리도 누군가에게 관심 가질 때, 비로소 서로의 의미 있는 존재가 된다. 무심한 하루 속에서도, 누군가에게 "너의 이야기를 듣고 싶어."라고 말해주는 것. 그것이 관계를 살리는 힘이다.

마지막으로 이 문장을 전하고 싶다.
"말 잘하는 사람이 아니라, 마음 써주는 사람이 되자."
부주의한 말은 상처가 되고, 차가운 말은 관계를 얼게 한다. 따듯한 말은 마음의 상처를 치유하고, 관계를 피워낸다. 의사소통은 기술이 아니라, 관심이며 사랑이다. 사랑은, 언제나 구체적인 행동으로 드러난다.

말 안 하는 것도 말이다

조숙희

다름을 수용한다는 건, 내 생각이 항상 옳지 않을 수도 있음을 인정하는 일이다. 그건 오히려 나를 더 잘 아는 사람만이 할 수 있는 관계의 기술이다. 다름을 수용할 줄 아는 사람은 자신의 기준도 명확히 알고, 상대의 존재도 거부 없이 받아들이는 사람이다. 그건 내가 포기하는 게 아니라, 내가 성숙해지는 과정이다.

한동안 '의견이 다르면 멀어지는 것'이라고 믿었다. 특히 연인일 때나 부부 관계에서 그랬다. 최근에는 아이 친구 엄마들과의 관계에서 나온 이야기이다. "왜 이렇게 바빠. 우리가 불편해?" 먼 도시로의 이사를 앞두고 내 기본값은 변함없다. 요가 수업, 글쓰기, 독서, 내 몸 챙기기, 육아, 남편의 야채 도시락까지. 하루 24시간을 총동원해도 살짝 모자란 느낌. 이쯤 되자 어디서 숨 쉬나, 묻기 시작했다.

그러던 중, 2024년 2월. 난데없이 갑상선암이라는 진단을 받았다. 다행히 의료진과 환경은 최고였고, 수술도 잘 마쳤다. 그 일을 계기로 마음에 질문이 생겼다. 내가 진짜 하고 싶은 건 뭐지? 이내 곧 답했다. 내가 해서 기뻐지는 일을 하자. 기쁨이 나를 살게 하니까. 삶의 방식을 완전히 바꿔버렸다. 수술 후 침대에 앉아 다짐했던 그 순간을 되새기며.

"당신은 화날 때 왜 말을 안 해?"

남편은 화가 나면 조용히 입을 닫아버린다. 그걸 볼 때마다 무시나 도망으로 해석했다. 같은 침묵인데, 해석이 이렇게 다르다니. 시간이 흘러 지금은 안다. 그 침묵이 그의 방식대로 감정을 다루는 방법이라는 것을. 두 아들을 키우면서 말투, 행동, 식성, 습관, 잠버릇 등등 본연의 모습을 마주하게 되는 찰나를 마주하게 된다. 서로 장점을 내세우기도 하고 또한, 치부를 드러내기도 한다. 또한, 아이들은 부모의 거울이 되기도 한다.

둘째는 남편을 닮아 말수가 적다. 친구와 다퉈도 입을 꾹 다문다. 놀이터에서 놀다 부딪혀 상대 친구가 넘어지는 일이 생겼다.

순간 전봇대가 되어버린 이준. '야, 너 밥은 얻어먹고 다니겠냐?' 결국, 참지 못하고, 내가 친구 엄마에게 먼저 미안하다고 전했다.

며칠 후, 이준이가 조심스럽게 말했다. "엄마, 나 그 친구랑 다시 얘기하고 싶어."

그 순간, 아이도 감정을 씹고 삼키고 소화시켰다는 것을. 그리고 다시 꺼낼 줄 안다는 걸 알았다. 그때 깨달았다. 감정에도 해결할 시간과 소화제가 필요하다는 걸.

아이의 감정 표현을 도우면서 내 마음공부도 시작됐다. 그중 가장 도움이 된 건 '미고사대'라는 인성 교육 문장이다. '미안합니다', '고맙습니다', '사랑합니다', '대화합시다'.

이 간단한 문장들이 아이와 내 마음 사이를 부드럽게 만들었다. 거기에 명상하며 자신의 상태를 알게 하는 것이다. 짧게 5분도 좋고, 평소 과학적인 마음 정화법 지버리쉬(Gibberish, 지껄임)를 하며 마음을 더욱 순수하고 신선해지도록 한다. 또한 아로마 향기는 일상을 여여하게 지낼 수 있도록 돕는 훌륭한 도구가 되기도 한다. 그중에 이 명상은 머리로만 사는 삶에서 가슴으로 살게 하는 명상법이다. 수피 전통의 움직임과 호흡을 하다 보면, 그때 비로소 안다. 다름은 불편한 게 아니라, 다른 리듬일 뿐이라는 걸.

모두가 잠든 적막이 흐르는 밤. 거실 한쪽 자리에 선다. 노트북의 불빛 이외에는 어둠 그 자체. 가슴 위에 손을 얹고, 가슴으로 깊게 숨을 쉰다. 숨을 들이쉴 때, 신선한 에너지가 가슴을 채운다. 숨을 내쉴 때, 오래 묵은 감정을 알아차린다. 수피 하트차크라 명상이 시작된다. 북쪽을 향해 손과 발을 뻗을 때 가슴 한가운데 표현되지 못한 감정이 움직인다. 이후 동쪽과 서쪽, 남쪽으로 뻗으며 말로 풀지 못한 마음이 움직임과 호흡 속에서 흘러간다. 말하지 않아도 괜찮아. 그 순간만큼 사랑하려 했고, 알아차리려 멈춰 섰으며, 기다리며 마음을 보듬었으니까. 그것으로 충분해. 가만히 멈춰, 음악을 들으며 가슴을 느껴본다. 이 순간, 말보다 먼저 울리는 것은 마음의 진동이다.

❈ 수피 하트차크라 명상

이 명상은 수피 전통 명상법이다. 수피 전통의 움직임과 호흡을 통해 가슴의 해방과 사랑이 넘치도록 돕는다. 음악 리듬에 맞춰서 '동서남북' 네 방향으로 진행된다. 에너지를 재연결하며, '지수화풍(地水火風)' 네 가지 요소의 연결이다.

【준비 사항】
눈을 뜨고 이완된 자세로 선다.

양손은 가슴(=심장)에 갖다 댄다.

느슨하게 가슴으로 호흡한다.

숨을 내쉬면서 낡은 에너지가 밖으로 나간다.

숨을 마시면서 신선한 에너지가 차오른다.

1단계: 7분 〈북쪽〉

제자리에 서서 오른손과 오른발을 오른쪽 앞으로(북쪽) 호흡과 함께 뻗는다.

호흡을 마실 때 원위치로 돌아온다.

왼손과 왼발을 왼쪽 앞으로(북쪽) 뻗는다.

호흡을 마실 때 원위치로 돌아온다.

제자리에서 중심을 유지하며 7분간 이 동작을 반복한다.

2단계: 7분 〈동쪽+서쪽〉

1단계와 유사하다. 다만 오른손과 오른발을 오른쪽(동쪽)으로 뻗는다.

호흡을 마실 때 원위치로 돌아온다.

왼손과 왼발을 왼쪽(서쪽)으로 뻗는다.

호흡을 마실 때 원위치로 돌아온다.

제자리에서 중심을 유지하며 7분간 이 동작을 반복한다.

3단계: 7분 〈남쪽〉

뒤를 돌아보며(남쪽) 오른손과 오른발을 뒤로 뻗는다.

호흡을 마실 때 원위치로 돌아온다.

왼손과 왼발을 뒤를 돌아보며(남쪽) 뻗는다.

호흡을 마실 때 원위치로 돌아온다.

제자리에서 중심을 유지하며 7분간 이 동작을 반복한다.

4단계: 7분 〈순환〉

이 단계에서 앞의 세 단계를 합쳐 한 과정으로 연결한다.

이때 활력을 주는 명상의 높은 지점에 도달한다.

5단계: 5분 30초

자리에 앉아 음악이 부드럽게 몸을 통해 흐르도록 한다.

평상시처럼 호흡하면서 가슴과 연결을 느껴본다.

6단계: 14분

명상을 마친 후 편한 자세로 앉거나 눕는다.

《오쇼 액티브명상 중 '수피 하트 차크라 명상법'》

머리로 판단하는 삶은 분석하고 비교하며 늘 바쁘다. 하지만 가슴은 느낀다. 공감하고 기다리고, 이해하려 한다. 감정이 가슴을 통과할 때, 우리는 더 넓어지고 더 부드러워진다.

요즘도 가끔 이준이가 친구와 다퉜을 때처럼 마음을 꾹 누를 때가 있다. 그러나 나는 이제 안다. 아이의 침묵도 하나의 말이라는 걸. 내 감정도, 남의 감정도 억지로 끌어내지 않아도 된다는 걸. 단지 기다려 주는 일일지도 모른다. 그 감정이 안전하게 꺼낼 수 있도록, 부드러운 공간을 만들어 주는 것. 그러니 오늘도 다시 말한다.
"미안합니다, 고맙습니다, 사랑합니다. 그리고 대화합시다."

말하지 않아도 괜찮은 날이 있다. 다만, 그 마음이 사라진 게 아니라, 잘 소화되길 기다리는 중이라는 것을 알아차린다. 감정은 씹고, 삼키고, 때로 꺼내야 한다. 감정을 꾹꾹 눌러 삼키지 않아도 괜찮다. 천천히 씹고, '나'답게 소화해 내면 된다. 그 과정에서 우리는 조금씩 연결을 배워간다.
그러니 당신, 오늘 마음은 잘 소화하고 있는가?

제3장

우리 사이

―

함께 살아간다는 것

말보다 중요한 건 레가토

강숙아

 토요일 새벽 6시. '하르모니아' 독서 모임이 있는 날이다. 선정 도서를 다 읽지 못했다. 새벽 4시 알람 소리에 일어났다. 리더가 발췌한 주제를 되새기며 남은 페이지를 읽어 내려갔다. 5시 55분. 웨일 온라인 화면을 켰다. 컴퓨터 화면 속 서로의 얼굴을 마주했다. 아직 밖은 어둑하지만, 마음은 환하다. 이 모임, 처음부터 순조롭진 않았다. 책 읽고 삶을 나누는 사이가 되기까지 많은 우여곡절이 있었다. 회원은 다섯 명이다. 뭔가 부족하다고 느끼지만, 완전체가 되어간다. 혼자만의 감정일까? 알고 보니 회원 모두 같은 생각을 하고 있었다.
 『실격당한 자들을 위한 변론』. 제목만 들어도 내용이 무겁다. 책 속 문장을 따라가다 하나의 키워드를 발견했다. 측은지심. 낮

설지 않은 단어다. 마음 깊은 곳을 톡 건드리는 울림이 있었다.

　K가 조심스레 이야기를 꺼냈다. "나는 잘 나가는 사람에겐 별 관심 없어. 오히려 조금 불편해 보이는 사람에게 더 마음이 가." 화면 속 회원 모두 얼굴에 입꼬리가 올라갔다. 공감이 스며들었다.

　K는 예전에 건강관리 사무실에서 일하던 때의 이야기를 들려주었다. 퇴근 무렵, 한 관광객이 자전거를 끌고 사무실을 찾았다. "근처에 찜질방이 있나요?" 약간 들떠 있으면서도 피곤한 기운이 묻어나는 말투였다. 분명 찜질방은 가까운 곳에 있지만, 그 말을 듣는 순간 그녀는 묘한 불편함을 느꼈다고 했다. 육지에 나갔을 때, 찜질방에서 하룻밤 묵은 경험이 있었다고. 싸늘하고 낯선 공기, 불편한 바닥, 뒤척이며 잠들 수 없었던 기억들. 그 기억이 그녀의 마음을 움직였다고 했다. 더군다나 비도 오는데 자전거 타고 이동해야 한다는 게 마음에 걸려 "우리 집이 근처인데 자고 가라"고 권했다고. 그 낯선 이는 K의 집에서 하룻밤 묵게 되었고, 아침 출근길에 같이 집을 나섰다고 했다. 이야기를 듣는 순간 회원들 얼굴은 의아하다는 표정을 지었다. 낯선 사람을 집에 초대하고, 하룻밤을 묵게 해주는 일. 쉽게 상상하기 어려운 일이기 때문이다. 누군가에겐 무모하고 위험해 보인다. K는 망설임

없이 문을 열었다. 그 문은 집의 문이기도 했지만, 결국 마음의 문이었다.

"혼자 왔나요?", "네."
"머물 곳이 있나요?", "무작정 왔어요."
"나랑 함께 갈래요?", "네, 감사해요."

스물셋, 아직 세상을 다 모를 때. 제주시에서 서귀포로 가는 5.16도로 동진여객 버스를 탔다. 언니 집에 가던 중이었다. 성판악 정류소에서 비슷한 또래로 보이는 여성이 타고는 옆자리에 앉았다. 그녀는 삶이 버거워 혼자 여행을 왔다고 했다. 이유는 묻지 않았다. 왠지 모르게 도와주고 싶은 마음이 들었다. 망설임 없이 언니 집으로 데려갔다. 그날 밤, 우리는 깊은 이야기를 나누며 밤을 지새웠다. 그 시간이 오래도록 마음에 남았다. 그 후에도 몇 번 연락을 주고받으며 안부를 나눴다. 돌이켜보면 무모함과 순진함이 섞인 결정이었다. 그때 그녀를 도와야겠다는 단순한 마음만 가지고 있었다. 누군가의 어둠에 작은 불빛이 되고 싶었다.

Y쌤도 이야기를 들려주었다.
일요일 오후, 차를 몰고 도두 해안도로를 따라 천천히 달리고 있을 때였다. 파도 소리에 귀 기울이던 찰나, 길가에 낯선 여성이 손을 흔들었다. 어딘가 급해 보였지만, 걱정스러운 표정. 외국인이었다. 나중에 알고 보니 홍콩에서 여행 온 여성이다. 갈 곳이 막막해 보였는지, 그녀는 조심스레 다가와 도움을 요청했다. 영어로 설명했지만, 상황은 여전히 낯설고 혼란스러웠다.

Y쌤은 주저하지 않았다. 차 문을 열고 그녀를 태웠다. 도두에서 노형까지, 그리 멀지 않은 거리였다. 평화로에 있는 숙소까지 가는 길이 문제였다. 길을 모르는 그녀를 위해 택시를 불렀다. 택시 기사는 영어를 전혀 못 알아들었다. 순간, Y 쌤은 온몸을 써서 설명하기 시작했다. 손짓, 발짓, 눈짓까지 총동원해 상황을 전달했다. 마침내 기사는 고개를 끄덕였고, 홍콩 여인은 안도한 얼굴로 택시에 올랐다.

"아저씨, 바가지요금 안 돼요."라고 덧붙여서 보냈다. 이야기가 끝난 뒤, 물었다. "그렇게까지 도와줘야 했어요?" Y 쌤은 잠시 웃더니 조용히 말했다. "그냥… 그러고 싶었어요."

그 말엔 이유도 설명도 필요 없었다. 꼭꼭 눌러 담은 진심이, 마치 음과 음 사이를 부드럽게 이어주는 '레가토'처럼, 그 순간을 감싸안았다. '레가토'는 음악에서 음표와 음표 사이를 부드럽게 이어주는 기호다. 마음의 선율을 따라 흐르던 조용한 배려. 우리가 함께 살아간다는 건 어쩌면 이런 것 아닐까. 소리 없이 서로를 잇는 따뜻한 레가토처럼 말이다.

토요일 새벽. 독서 모임의 대화는 특별하지 않은 이야기에서 시작됐다. 하지만 마음에 와닿았다. 조건 없는 시선으로 타인을 바라보되, 안전과 현실적 한계 역시 존중되어야 한다. 측은지심은 단순한 감정이 아니다. 따뜻한 시선을 타인에게, 그리고 무심해지기 쉬운 자신을 돌보는 연민이다. 누군가에게 따뜻하게 기억되는 사람이 된다는 것, 그건 따뜻함과 함께 깨어 있는 책임을 품는 일이다. 세상은 언제나 선의만으로 움직이지 않는다. 낯선 사람에게 다가간다는 건 아름다운 일이다. 현실적인 위험을 감수해야 하는 선택이기도 하고. 중요한 건 무작정 마음을 여는 것이 아니라, 분별력을 가진 따뜻함, 깨어 있는 연민이다.

둘리. 딸이 시집간 후, 손주의 아토피 때문에 맡겨진 강아지다. 처음엔 낯설었지만, 어느새 일상 한가운데 자리 잡았다. 묻지도 따지지도 않고 묵묵히 다가온 존재, 말없이 곁을 내주는 둘리를 보며 함께 산다는 것의 의미를 자주 되새긴다.

하루 중 가장 놀라운 순간은 내가 공부할 때다. 집중해서 책상에 앉아 있는 동안, 둘리는 언제나 자기 자리를 지킨다. 방해하지 않는다. 하지만 자세를 고치거나 물을 마시려고 일어나는 그 잠깐의 틈새를 놓치지 않는다. 장난감을 물고 다가와 눈을 반짝인다. "지금은 놀아줄 수 있어요?" 그 모습에 웃음이 난다. 둘리는 나의 리듬을 섬세하게 읽는다. 억지로 다가오지 않고, 자신만의 공간을 지키며, 언제든 다정함을 건넬 준비가 되어 있는 친구. 함께 살아가지만 지킬 건 지킬 줄 아는 똑똑한 친구다. 둘리와의 관계는 마치 레가토 같다. 말보다 진한 유대가 흐른다. 말이 없어도, 서로를 이해하고 느낀다. 조용히 곁을 내어주는 사이다. 내가 둘리와 함께 살아가는 방식이다.

누군가와 함께 살아간다는 건, 큰 소리로 말하는 일이 아니다. 기다려 주고, 읽어주고, 조용히 곁을 지켜주는 일이다. 둘리를 통해 오늘도 배운다. 진짜 연결은 말도 중요하지만, 마음에서부터 시작된다는 것을.

"말보다 중요한 건, 마음을 잇는 레가토다."
오늘 하루, 누군가에게 레가토처럼 다가가 보자. 조용히, 부드럽게, 그리고 따뜻하게.

직장, 공동체 가족에서의 건강한 거리

김상철

"인간은 삶이 두려워 사회를 만들었고, 죽음이 두려워 종교를 만들었다."

어느 철인의 말처럼, 우리는 정말 혼자서는 살 수 없을까?

사람은 생존과 의미 있는 삶을 위해 다양한 공동체에 속해 살아간다. 가정, 직장, 사회단체, 종교단체 등 소속된 조직의 목적은 제각각이다. 목적을 달성하기 위해 구성원 간의 조화와 책임감 있는 역할 수행이 필요하다. 모든 사람이 모든 일을 다 하는 방식이 아닌, 각자의 강점과 전문성에 따라 역할을 배분하고, 그 역할을 유기적으로 연결할 수 있는 시스템이 구축되어 작동되어야 한다. 직장 등, 공동체의 유기적인 시스템의 역량은 구성원 간의 단순한 감정적 친밀감에 있지 않다. 공동의 목표에 대한 공감, 상호 존중, 그리고 실질적인 협력을 이끌어내는 힘에 있다. 그 힘을 가능하게 하는 핵심 요소는 역설적이게도 적당한 거리 두기에 있다.

직장에서 상사와 직원 간의 관계는 무조건 가까워야만 좋은 것이 아니다. 직위와 책임에 따른 경계가 명확하지 않으면 위계질서가 무너지고, 반대로 거리가 너무 멀어지면 소통의 부재로 오해와 갈등이 생긴다. A 회사의 한 팀장은 업무의 효율성을 위해 공과 사를 분명히 구분했다. 퇴근 후에는 사적인 술자리나 연락을 피했지만, 업무 시간에는 팀원들에게 친절하게 설명하고 의견을 존중하며 소통했다. 그는 엄격하지만 세심한 리더였고, 팀원들은 그런 태도에서 존중받고 있다는 느낌을 받아 회사원으로서 자부심을 느꼈다고 한다.

가족 사이도 마찬가지다. 자녀가 부모에게 전적으로 의존하면 독립심이 자라지 않는다. 부모가 자녀에게 지나치게 간섭하거나 반대로 무관심하면 자녀는 위축되거나 정서적 소외를 겪게 된다. 가족 간에도 자율성과 존중이 담긴 적절한 거리가 필요하다. 대화를 통해 서로의 기대와 한계를 솔직하게 나눌 때 비로소 건강한 거리가 유지된다.

"나는 평생 가족을 위해 살아왔는데, 정작 지금은 투명 인간이 된 기분이야."

지인 B의 말은, 술잔이 반쯤 비어갈 무렵 조용히 흘러나왔다. 명문대를 졸업하고 대기업 임원 자리까지 오른 그는, 계획적이고 빈틈없는 사람이었다. 깔끔한 셔츠와 늘 단정한 헤어스타일, 정돈된 말투에서 그의 성격이 드러났다. 경제적으로도 풍족하진 않지만, 충분히 안정된 삶을 꾸리고 있었다. 아내, 직장에 다니는 아들, 대학원생인 딸과 함께 살아가는 그는 겉보기엔 단단한 가장처럼 보였다.

그날은 오랜만에 마주 앉은 자리였다. 오랜 친구로서 편하게 이야기나 하자는 자리였는데, 술기운이 돌자 그의 눈가에 짙은 피로와 외로움이 묻어났다. "지금까지 진짜 가족만 바라보고 살아왔거든, 애들 학원비에, 진로 상담에, 다 챙겼어, 근데 요즘은 말 한마디 하기도 조심스러워, 내가 뭘 말하면 듣긴 하는데~ 듣는 척만 해. 결국은 자기들 하고 싶은 대로 하지." 그는 씁쓸하게 웃으며 잔을 기울였다. 나는 잠시 말을 고르고 조심스레 입을 열었다. "자네 마음 이해하지. 근데 말이야~ 세대가 다르면 생각도 다르잖나, 자식들이라고 해서 모든 걸 공유하려고 애쓰지 말고, 한 걸음만 물러서서 지켜보게. 자네는 평생 책임져 왔지만, 이제는 그들에게 자기 방식의 삶을 맡겨줘야 할 때 아닐까?" 그는 말

없이 고개를 끄덕였다. 침묵은 무거웠지만, 그 안에 담긴 감정은 복잡하고 깊었다. 말없이 마주 기댄 어깨에서, 말로는 다 하지 못한 위로가 전해졌다.

"밥은 먹었니? 어디 아픈 건 아니지?"
"문 열어, 네가 좋아하는 장조림 가져왔어."

30대 중반의 수현 씨. 주말 아침이면 어김없이 울리는 전화벨 소리에 잠에서 깨곤 한다. 어느 날, 친구들과 집에서 저녁 약속을 잡아놓았는데, 어머니가 갑자기 반찬을 들고 찾아왔다고 했다. 당황했지만, 문 앞에서 기다리는 어머니를 외면할 수 없어 조용히 문을 열었다고. 그녀는 결혼 후 독립적인 삶을 꾸려가고 싶었지만, 친정어머니의 잦은 연락과 예고도 없이 방문하는 일이 잦아 부담이라고 토로했다.

그녀는 마음 한편으로 엄마의 사랑을 알면서도, 그 사랑이 자신의 삶을 지나치게 침범하고 있다는 불편함도 함께 느낀다. "저도 이제 결혼해서 제 생활이 있어요."라고 말하고 싶지만, 그 말 한마디가 어머니에게 상처가 될까 봐 입을 꾹 다문다. 어머니는 가족은 함께 해야 한다는 전통적인 가치관을 지녔고, 수현 씨는 개인의 사생활과 독립성을 중시하는 세대다. 이 두 세계 사이의 간극은 말하지 않으면 절대 좁혀지지 않는다.

    종교단체, 마을회, 취미 모임 등 우리가 속한 공동체도 마찬가지다. 공동 목표를 위해 각자의 역할을 수행하는 집단이다. 그 안에는 기대, 호의, 오해, 애정, 서운함 같은 수많은 감정이 교차한다. 누군가는 더 많이 참여하고 싶어 하고, 누군가는 조금 거리를 두고 지켜보고 싶어 한다. 구성원 간의 거리 조절은 감정 조율과 공동체의 단합에 지대한 영향을 미친다. '우리가 남이냐'는 술자리 건배사처럼 우리라는 정서를 공유하지만, 분명 개인도 존재한다. '우리'가 건강하게 지속되기 위해서는 구성원 각자의 리듬과 경계를 존중해야 한다. 너무 깊이 끼어들지도, 너무 멀리 떨어지지도 않는 균형 감각이 필요하다.

    노인정에서 활동하는 C는 오랫동안 이웃들과 정겹게 지냈다. 아침이면 마당을 쓸고, 오후엔 함께 바둑을 두며 웃음을 나누던 자리였다. 특별히 친했던 건 Y였다. 둘은 같은 동네에서 40년 넘게 살아온 사이였다. 몇 달 전부터 Y가 C의 일상에 조금씩 깊게 개입하기 시작했다. 처음엔 소소한 잔소리였다. "오늘도 같은 옷 입고 왔네. 다른 옷 좀 입지 그래?" 웃어넘겼지만, 며칠 뒤엔 외출 시간을 일일이 묻고, 누구를 만났는지까지 캐물었다. "어디 갔다 오는 거야? 요즘 얼굴도 안 좋고…" Y는 걱정하는 말투였지만, C는 점점 숨이 막히는 기분이 들었다. 집에 있으면 전화를 걸고, 노인정에서는 대화 중간에도 끼어들어 "그 얘기는 내가 더 잘 알아."라며 말을 가로채기 일쑤였다.

어느 날, Y는 사람들 앞에서 이렇게 말했다. "C는 요즘 기운이 없어 보여. 혼자 있지 말고 우리랑 같이 밥도 먹고 그래." 모두가 웃으며 맞장구쳤지만, 얼굴이 붉어지고 말았다. 자신도 모르게 '왜 내 속을 저렇게 함부로 말하지?'라는 생각이 치밀었나 보다. 사람들의 따뜻한 관심도 때로는 누군가의 사적인 감정을 들추는 순간 모욕처럼 느껴질 수 있을 텐데…. 그날 저녁, C는 노인정에 가지 않았다. 다음날도, 그다음 주도. 이유를 묻는 사람들에게 그는 "그냥 몸이 좀 안 좋아서요."라고 말했지만, 마음속에는 다 알 수 없는 서운함이 켜켜이 쌓여 있었다.

공동체에서의 건강한 거리는 너무 끼어들지 않기와 무관심하지 않기 사이의 아슬아슬한 줄타기다. 사람을 아끼는 마음도 소중하지만, 그 마음이 상대의 경계를 넘지 않도록 조심하는 절제가 필요하다. 진정한 정(情)은 상대가 준비될 때까지 기다려 주는 속도와 거리의 배려에서 자란다.

'우리 사이'라는 말에는 두 가지 의미가 있다. 너와 나 사이에서의 '거리'라는 뜻이기도 하고, '함께'라는 뜻이기도 하다. 이 둘은 대립하지 않는다. 건강한 거리는 사랑의 반대가 아니라, 오히려 사랑을 지속시키는 지혜다. 건강한 거리를 만드는 기준은 단 하나다. 서로가 불편하지 않을 정도의 간격과 상대방의 리듬에 귀 기울이는 태도에 있다. 사생활, 시간, 감정에 대한 경계를 서로 존중하는 자세가 그 출발이다. 함께 살아간다는 건, 억지로 끌어안는 게 아니다. 거리두기에 있다. 너무 가깝지도, 멀지도 않은 적당한 자리에서 서로를 바라볼 때 우리는 비로소 함께하는 공동의 '우리'가 된다.

'사랑과 감사'라는
공동체 안에서의 소통

김수정

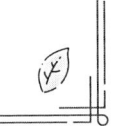

공동체 안에서 산다는 건 생각보다 훨씬 섬세하고 복잡한 일이다. 교회 공동체만 봐도 그렇다. '교회'라는 이름 안에 '사랑', '희생', '나눔'이 당연히 자리할 것 같지만, 실상은 그렇지만도 않다. 다양한 연령대, 각기 다른 성장 배경, 서로 다른 가치관과 성격, 각기 다른 삶의 궤적을 지닌 사람들이 모였다. 오히려 더 조심스럽고 긴장이 흐르기도 한다. 그럼에도 불구하고 이들이 모여 '선'을 향해 나아가려 한다. 그 자체가 기적이다. 그 기적의 중심에는 언제나 사랑과 감사가 있다. 그것은 거창하거나 대단한 일이 아니다. 사랑과 감사는 작은 말, 아주 작고 사소한 행동에서 시작된다. 내게 그 사실을 가장 강하게 알려준 순간은, 아주 오래전 K독서 모임에서였다.

그날따라 독서 모임 자리가 불편했다. 위가 뒤틀리듯 아프고 속이 미묘하게 쓰러왔다. 자리를 빠질까 고민했지만 '빠지면 민폐지' 하는 생각에 꿋꿋이 자리를 지켰다. 성실하게 참여해야 한다는 책임감이었다. 결국, 견디지 못하고 "몸이 좀 안 좋아서 먼저 가볼게요"라고 말했다. 사람들의 반응은 천차만별이었다. "벌써 가?"라며 눈치를 주는 사람. 어색하게 미소 짓는 사람. 별 관심도 보이지 않는 사람. 심지어 어떤 이는 얼굴에 짜증이 그대로 드러나기도 했다. '내가 뭔가 큰 실례를 한 걸까?' 위축되고 마음이 착 가라앉았다.

하지만 지금까지도 오래 기억하는 건 한 언니의 따뜻한 말 한마디. "괜찮아? 수정아. 집에 가서 몸 잘 추슬러. 몸 챙겨야지." 짧고 간단한 말이었지만, 그 속에는 걱정과 정성이 담겨 있었다. 속에서는 감동의 눈물이 흘렀다. 그 언니의 눈빛, 말투, 걱정스러운 표정이 지금까지도 선명하게 떠오른다. 사랑이란 그런 거다. 작은 말과 행동으로 존재감을 드러내는. 공동체 안에서 사랑이 표현된다면 이 또한 얼마나 멋진 일인가. 상상만 해도 입가에 미소가 번진다. 반드시 무언가를 해주어야만 존재하는 건 아니다. 관심과 사랑의 따뜻한 말 한마디가 서로를 보듬는다. 관심 있는 말 한마디, 따뜻한 시선은 생각보다 더 깊은 울림을 만든다.

그날 이후, 다짐했다. 나도 그런 사람이 되자. 먼저 인사하고, 먼저 웃어주고, 먼저 말을 건네는 사람.

"괜찮으세요?"

"얼굴빛이 많이 안 좋아 보이네요. 어디 아프셨어요?"

"오랜만이에요, 반가워요."

처음엔 쑥스러웠지만, 작은 시도가 공동체의 분위기를 바꾼다. 사람들은 눈빛만으로도 서로를 알아보고, 가벼운 인사로도 관계의 문을 열 수 있다. 말의 온도는 공간 전체를 따뜻하게 데운다. 그저 스쳐 지나가는 인사 같지만, 듣는 사람은 그 말을 오래 기억한다.

공동체의 아름다움은 사람에게서만 오는 것이 아니다. 생명을 향한 배려에서도 나타난다. 성당 한편에, 자그마한 화분이 있다. 생태와 환경에 관심이 있는 분들이 모여 수세미를 심었다. 망을 씌우고 흙을 고르고, 정성껏 모종을 심었다. 수세미는 매일 물이 필요해서 당번을 정해 하루에 한 번씩 물을 주어야 했다. 햇빛이 따가운 여름은 물이 더 필요한 계절이다. 아침저녁으로 물을 주는 수고가 따랐다. 수세미가 점점 자라면서 유인끈으로 줄기를 매달아 주어야 했고, 벌레가 생기면 약도 치며 정성을 들였다.

시간이 흘러 수세미가 초록빛으로 무성하게 자라자, 그 옆 벤

치에는 사람들이 모이기 시작했다. 수세미 옆에는 의자가 놓여있고 커피 자판기가 있다. 자연스럽게 동네 어르신들의 편안한 휴식처가 되었다. 신자가 아니었지만, 매일 아침에 와서 성당의 수세미를 보았다. 파릇한 수세미를 보며 커피 한잔을 마시니 기분이 좋다고 말했다. 수세미 하나로 사랑과 감사가 느껴졌다. "여기 앉아 있으면 하루가 참 고와요." 한 어르신이 말했다. 순간 마음속에서 울림이 일었다. '아, 이것이 공동체의 사랑이구나.' 손길이 모여 만든 한 송이의 초록이. 누구는 정성껏 키우고, 누구는 그 옆에서 쉼을 얻고, 누군가에게는 포토존과 휴식처가 되어 주었다. 또 누군가에겐 뿌듯함까지 선물해 주었다. 수세미는 말이 없지만, 존재로 사랑을 전했다. 사랑은 꼭 화려하지 않아도 된다. 오히려 조용하고 성실한 사랑이 오래간다.

합창할 때 자신의 소리만 도드라지면 하모니는 엉망진창이 될 것이다. 서로의 숨결을 느끼며 음을 맞출 때, 비로소 아름다운 화음이 된다. 공동체도 그렇다. 각자의 생각이 다른 것은 자연스러운 일이다. 다른 사람과 호흡을 맞추며 어우러진다는 것은 멋진 일이다. 단체 활동을 하다 보면 성향이 달라 의견 차이가 있을 때도 있다. 자기주장만 하는 사람이 있는가 하면, 과거에는 더했다며 비아냥거리는 사람도 있다.

성당에서도 그런 일이 있었다. 행사 준비로 한창 분주할 때, 모두 앞다투어 자기 의견을 내고, 누가 중심을 잡아야 하는지 옥신각신할 때다. 그 와중에도 한 자매는 말없이 묵묵히 자기 일을 감당했다. 접시를 닦고, 의자를 정리하고, 빠진 부분을 메웠다. 아무도 시키지 않았지만, 그녀는 자신이 해야 할 몫을 알고 있었다. 나중에 그 자매를 칭찬했더니, 그녀가 말했다. "제가 잘할 수 있는 일이니까요. 다른 분들이 힘내시게 하고 싶었어요." 이 얼마나 따뜻한 사랑의 실천인가.

성당 내에 쓸 만한 물건을 갖다 놓는 무료 나눔 코너가 있다. 자신은 쓰지 않지만, 다른 사람이 필요할 수도 있는 걸 갖다 놓는다. 좋은 물건들은 금세 사라진다. 필요한 것이 있나 자주 무료 나눔 코너에 참새방앗간 들리듯 가본다. 나 역시 집 정리하다 발견하면 갖다 놓기도 한다. "자매님, 이사 가요?" 한꺼번에 물건을 나열하면 종종 듣는 말이다. 필요한 분들에게 나눌 때 기분이 좋다. 필요했던 물건을 만나면 횡재한 느낌이다. 어떤 자매는 빠짐없이 이엠(EM)을 병에 담아 놓는다. 없으면 항상 채워둔다. "일도 바쁘면서 어느 시간에 이렇게 만들어요?.", "아이고 내 것 만들면서 조금 더 시간 내서 만들었어요. 힘들지 않아요." 미소를 머금으면서 말하는 모습 속에 진정성 있는 감사가 묻어난다. 수고를 대단하게 여기지 않는 겸손함도 있다. 다른 코너엔 병뚜껑도 모은다. 바구니에 꽉 차면 지하에 갖다 놓는다. 자기 일처럼 정리정돈을 잘한다. 우리가 할 수 있는 작은 사랑의 실천이다.

　사랑이란, 누군가를 특별하게 여긴다는 걸 눈빛과 말, 행동으로 증명하는 거다. 감사란, 그 존재가 내 삶에 있어 준 것만으로도 충분히 고맙다는 마음이다. 이 두 가지가 만날 때, 공동체는 비로소 우리가 된다. 우리는 각자의 역할이 다르지만, 함께 모일 때 더 큰 의미를 만들어낸다. 그것이 공동체의 힘이다. 관심을 갖고, 감사를 표현하며, 사랑을 실천하는 하루하루. 우리가 만드는 작은 기적이다.
　공동체 안에서 우리가 가야 할 길은 함께하는 거다. 사랑과 감사를 노래하고 어우러지는 것. 멋진 하모니를 이룬다. 공동체 안에서 우리라는 추억의 한 장을 만들기 위해. 매일 아침, 내가 할 수 있는 관심, 표현할 수 있는 감사, 실천할 수 있는 사랑. 그것들이 모여 오늘의 공동체를 따뜻하게 만든다. 작은 관심에 시작되는 사랑과 감사의 하루에 함께 머물고 싶다.

　오늘도 나는 먼저 말을 건넨다.

"좋은 하루 되세요."

"당신이 이 공동체에 있어 줘서 고맙습니다."

관계를 향상시키는 좋은 습관

김한식

　함께 살아간다는 건 단순히 같은 공간을 공유하는 것만을 의미하지 않는다. 진짜 '함께'란, 서로의 삶에 영향을 주고받으며 공존하는 과정에 있다. 우리는 각기 다른 환경에서 자라왔고, 서로 다른 가치관을 품고 살아간다. 그 때문에 세상을 바라보는 눈도, 느끼는 감정도 모두 다르다. 이런 차이 속에서 마찰은 불가피하다. 하지만 그 갈등을 줄이고 관계를 더욱 건강하게 만들기 위해, 우리는 끊임없이 노력해야 한다. 관계는 저절로 좋아지지 않는다. 어떤 태도로, 어떤 방식으로 관계를 이어가느냐에 따라 그 온도는 달라진다.
　평소 생활 속에서 실천해 온 작은 습관들을 나눠보려 한다. 특별한 노하우나 기술은 아니다. 하지만 매일의 관계 속에서 나에게, 그리고 주변 사람들에게 긍정적인 변화를 일으킨 몇 가지 좋은 습관들이다. 어쩌면 당신의 관계에도, 작지만 따뜻한 바람을 불어넣을 수 있을지 모른다. 아니, 이미 실천하고 있었지만, 바쁜 일상에서 잊어버리거나 간과하고 있던 것들인지도 모른다.

첫째, 진정성 있는 인사 (Eye contact)

"안녕하십니까?" 고개를 들어보니 P 부장이 인사하고 가는 옆모습이 보인다. 인사말은 들렸지만, 눈은 마주치지 못했다. 나는 아직 "좋은 아침!"이라는 말도 꺼내지 못한 채, 그의 뒷모습만 바라본다. 잠시 후 Y 직원이 "안녕하세요"라고 인사하며 고개만 까닥였다. 눈은 마주쳤지만, 인사에 진심이 담겨 있는지 느껴지지 않았다. 한 직원은 문 앞에서 얼굴만 쏙 내밀고 "안녕하세요?"라고 말하고 사라졌다. 막내 여직원이다. 귀엽지만 아직 직장에서의 인사 예절을 모르는 것 같다.

잠시 후, 또 다른 노크 소리. "안녕하십니까?" 고개를 들어보니 얼마 전에 입사한 남자 직원이다. 나를 보더니 허리를 굽히고 인사를 한 후, 나와 눈을 마주치며 미소를 지었다. "왔니?" 미소로 화답했다. 진심이 담긴 이 아침 인사 하나가 하루의 시작을 생동감 있게 만든다. 오랜 직장생활을 한 사람으로서 100점을 줘도 남을 인사다.

아침 인사는 특히 중요하다. 출근 후 처음 마주치는 사람들과의 소통의 출발이자, 하루의 분위기를 결정짓는 첫인상이다. 서로 좋은 에너지를 주고받는 시간이며, 팀워크를 다지고 파이팅할 수 있는 원동력이기도 하다. 하루의 리듬이 이 짧은 인사 한마디로 달라진다. Eye contact 없이 건성으로 인사하거나, 인사도 없이 자기 자리에 쏙 앉는 이들도 있다. 대체로 업무 성과는 물론 평판도 좋지 않은 편이다. 반면 당당하고 밝은 인사는 자존감, 자신감의 발로이기도 하다. 당당하게 아침을 여는 자세와 태도는 상대를 존중하는 첫걸음이다.

둘째, 성실한 대화 (태도와 진정성)

K 부장을 불렀다. 보고 자료에 궁금한 점이 있었다. 그는 평소 다른 사람과 대화할 때 얼굴을 찡그리는 습관이 있다. 뭔가 불편하거나 못마땅한 게 있는 듯하다. 그날도 예외는 아니었다. 그의 몸은 나를 향해 있지 않고 비스듬하게 서 있었다. 눈은 이리저리 좌우를 살피고. 말을 건네는데도 나와 눈도 잘 마주치지 않고, 말끝마다 짧은 "예, 예."만 반복한다. 진짜로 내 말을 듣고 있는 걸까? 대화는 이루어지고 있는데, 마치 혼잣말하는 기분이다. 대화를 마치고 나서도 무언가 껄끄럽고, 뒷맛이 개운치 않았다. 어느 순간부터 그에게 중요한 이야기를 꺼내는 걸 망설이게 되었

다. '어차피 무관심할 텐데, 굳이…' 하는 생각이 앞섰다.

얼마 전에는 후배 직원 H가 조심스럽게 내게 이런 말을 한 적이 있다. "부장님, K 부장님한테 업무 보고드리기가 참 힘들어요. 자꾸 초조해지고… 말하다가도 내가 뭔가 잘못한 건가 싶고요." 그녀는 속이 타는 듯 말했다. 가만히 생각해 보니, K 부장과 대화하고 난 후에는 대부분 직원이 비슷한 감정을 느끼고 있었던 거다. 마치 자신의 말이 공중으로 흩어지는 듯한 느낌. 사람은 말할 때 상대방의 눈빛, 표정, 몸짓에서 듣고 있다는 신호를 받고 안도한다. 그 신호가 없으면 자신이 중요하지 않게 여겨지는 것처럼 느껴지고, 결국에는 말할 의욕도 사라진다.

대화는 마주 보며 이야기하는 것만이 아니다. 서로를 향한 '존재의 인정'이다. 고개를 끄덕이는 것, 맞장구를 치는 것, 몸을 상대방 쪽으로 향하는 것, 눈을 마주치는 것들은 '당신에게 집중하고 있습니다' '당신을 존중하고 있습니다'라는 메시지를 담고 있다. 이런 작고도 사소한 제스처 하나하나가 상대방의 마음을 열게 만든다. 돌이켜보면 기억에 남는 대화는 늘 마음이 통했던 순간들이었다. 반면, 기억하고 싶지 않은 대화는 상대가 나를 무시하거나 흘려들었다고 느껴졌던 순간들이다. 성실한 대화란 말뿐만 아니라 마음이 동반된 대화다. 성의 없는 대화는 관계의 문을 닫지만, 진정성이 담긴 대화는 관계의 문을 연다. 진심이 담긴 성실한 대화는 관계의 시작이자 완성이다.

셋째, 약속 시간 지키기 (신뢰 구축)

대학 동기 L이 부부 동반 저녁 식사를 제안했다. 동네에서 멀지 않은 샤부샤부 전문점에서 저녁 7시쯤 만나기로 했다. 나는 늘 그렇듯 20분 일찍 도착했다. 기다림이 좀 지루하더라도, 늦는 것보다는 훨씬 낫다. 시간에 쫓기며 도착하는 그 조급함과 초조함이 싫어서, 나는 항상 미리 움직이는 편이다. 아내와 여유롭게 차를 마시며 메뉴를 고르고 있었다. 손목시계를 보니 7시 1분. 10분, 20분이 지났지만, 연락이 없다. 처음엔 '바쁜 일이 있겠지' 싶었지만, 점점 마음이 불편해지고 짜증이 난다.

7시 35분이 지날 무렵. 친구 부부가 헐레벌떡 도착했다. "미안하다. 주차할 데가 마땅치 않아서…" 변명을 늘어놓았지만, 그 말보다 미리 양해를 구하는 한 통의 전화도 없었다는 것에 속상했다. 상대가 날 기다리고 있다는 생각, 그런 상황이 불편할 수 있다는 상상, 이 모든 것들에 둔감한 친구에게 실망감도 든다. 나와 한 약속을 얼마나 중요하게 생각하고 있을까? 그 약속의 무게는 얼마나 될까?

약속은 단지 시간만을 지키는 행위가 아니다. '나는 너를 존중하고 소중히 생각해.'라는 무언의 표현이다. 늦을 수는 있다. 누구나 예기치 못한 상황을 겪는다. 다만, 늦게 도착하면서도 한 마디의 연락이 없다면, 그 관계를 가볍게 여긴다는 신호로 읽힐 수 있다. 반복되면, 결국 관계는 금이 간다.

'시간은 금이다'라는 말이 있다. 약속을 지킨다는 것은 무엇과도 바꿀 수 없는 귀한 것이다. 시간을 지키는 것은 곧 신뢰다. 상대방의 시간을 소중히 여기고, 그 사람의 삶을 존중하는 태도. 반복적으로 시간을 지키는 사람은 신뢰가 쌓인다. 반면, 상습적으로 약속을 지키지 않는 사람은 신뢰를 잃게 되고, 관계가 소원해지기 쉽다. 불가피하게 약속에 늦을 상황이라면, 미리 연락하여 이해를 구하는 것이 최소한의 예의다. 관계를 지키는 데 필요한 성의다. 약속을 지키는 일상의 태도가 모여, 건강한 우리 사이를 만드는 든든한 기반이 된다.

좋은 관계는 하루아침에 만들어지지 않는다. 작은 태도와 습관이 쌓여 만들어진다. 진정성 있는 인사, 성실한 대화, 그리고 시간을 지키는 태도는 관계를 건강하게 유지하고 성장시키는 핵심 요소다. 관계를 유지하고 향상시키는 좋은 습관은 에티켓 이상이다. 함께 살아가는 데 필요한 배려이자, 신뢰를 쌓아가는 과정이다. 지금 우리 사이에 필요한 것은, 서로를 건강하게 하는 '좋은 습관'이다.

있는 그대로 사랑하기

박니나

아버지는 언젠가 막내가 더 높은 학위를 갖게 되기를 바라는 마음을 품고 계셨다. 그래서인지 종종 막내를 위해 학비를 마련해두고 싶다는 뜻을 비치곤 하셨고, 그런 기대와 바람은 때로 조용한 부담이 되어 아버지 안에 자리잡고 있었다.

올해 5월, 가족 여행에 아버지가 합류하여 손주들과 함께 며칠을 보냈다. 저녁을 드시고 이야기를 나누던 중, 아버지는 막내를 위한 학비 지원 마련에 대해서 말씀하셨다.
"이제는 학위보다 실력이나 경험, 개성이 더 중요해요. 막내는 본인만의 예술 세계가 뚜렷하잖아요."
막내는 프리랜서 작가로 활동하며 클라이언트들이 필요한 그림을 그리고, 미팅을 자주 다닌다. 그래서 막내에게 미팅 때 좋은 인상을 남겨줄 옷차림이 더 필요하다고 생각했다. 아버지께도 그런 실질적인 도움이 더 필요하겠다고 말씀드렸고, 아버지는 흔쾌히 동의하셨다.

아버지가 예전에 들려준 한 화가 이야기처럼, 사람은 자신을 어떻게 보여주느냐에 따라 평가가 달라질 수 있다. 나는 통역사로서 단정한 복장이 주는 힘을 누구보다 잘 알기에, 막내에게도 그런 도움이 필요하다고 생각했다. 그리고 아버지의 심리적인 부담과 경제적인 짐도 덜어드리고 싶었다.

며칠 뒤, 막내로부터 문자가 왔다. "언니, 무슨 얘기가 오간 거야? 너무 기분이 상했어." 팔순을 바라보는 아버지는 나와 나눈 말을 막내에게 다소 직설적으로 전한 모양이었다. 아버지는 평소 막내의 옷차림이 더 갖춰졌으면 하는 바람이 있었고, 나 역시 비즈니스 캐주얼 복장을 입었으면 하는 바람을 갖고 있었다.

돌이켜보니, 막내는 스스로 쌓아온 스타일과 자기다움이 인정받지 못한다는 느낌을 받았을 수도 있다. '있는 그대로의 나'가 여전히 받아들여지지 않는다는 감정이, 그 한마디에 얹혀 있었는지도 모른다. 좋은 마음이 왜 이렇게 비틀어졌는지 깨달았다. 당사자의 동의 없이 내린 호의는, 오히려 간섭될 수 있음을. 막내에게 미리 의견을 묻지 않고 아버지와 먼저 결정을 내린 점을 진심으로 반성했다. 선의였지만, 그 마음이 제대로 전해지지 않았다.

다행히 그 주말, 막내와 약속이 잡혀 있었다. 상황을 풀고 싶었다. 막내는 처음에는 여전히 불편한 마음을 드러냈지만, 내가 어떤 마음에서 그랬는지를 진심으로 설명하자 조금씩 마음을 열기 시작했다. 새삼 깨달았다. 진심은 때로 시간이 걸리지만, 결국은 통한다는 걸. 늘 누군가가 화를 내거나 불편함을 표현하면 움츠러들었지만, 이번 경험을 통해 오히려 용기를 낼 수 있었다.

이 에피소드를 겪으며 많은 생각을 했다. 아버지도, 나도, 막내도 서로 다른 입장에서 같은 사건을 마주했다. 우리는 모두 각자의 방식으로 사랑을 표현하고 있었지만, 꼭 상대에게 사랑으로 느껴지지는 않았다. 아버지는 막내가 잘되기를 바라는 마음에서 자신의 방식대로 표현했고, 나는 내 경험과 조언을 사랑이라고 여겼다. 막내는 그런 방식이 자신을 있는 그대로 존중하지 않는다고 느꼈다.

마음을 전하는 방식에 대해 다시 생각하게 되었다. 아버지의 진심이 더 깊은 울림으로 전해질 수도 있었을 텐데. 나 또한 조금 더 섬세하게 다가갔더라면, 막내의 상처를 만들기보다 더 큰 기쁨과 여운이 남았을지도 모른다.

진심이 닿기 위해선, 무게를 견딜 수 있는 말이 필요하다는 걸 그날 알게 됐다. 사랑은 결국 전달되어야 완성되는 감정이다. 내가 좋다고 여긴 방식이 꼭 상대에게도 따뜻하게 다가가는 것은 아니다. 사랑을 말할 때도 한 걸음 멈추어 서서, 그 마음이 정말 닿을 수 있는 말인지 스스로 묻고 싶다.

가족이라는 가장 가까운 관계에서는, 감정을 필터 없이 표현해 온 경우가 많았다. 사랑이라는 이름으로, 미안함과 서운함, 기대와 걱정이 섞인 말들을 거침없이 내뱉었다. 나의 반응이 진심이 되기엔, 너무 급하고 투박했던 순간들이 많았다.

엄마와의 관계도 예외는 아니었다. 오랜 시간 반복되어 온 부정적인 감정의 패턴 속에서, 나도 모르게 같은 방식으로 되풀이해 반응하곤 했다. 엄마가 이미 질문 속에 답이 들어 있는 말을 반복해 물으실 때면, 어느새 짜증 섞인 말투로 대답하고 있었다. 조금 물러서야 할 상황에서 오히려 더 집요하게 파고드는 엄마의 반응에, 마음 한편엔 얇고 지속적인 화가 깔려 있었다.

그러던 중 휴직을 하며, 엄마와 일주일에 한 번 정도만 만나는 건강한 거리 두기를 시작했다. 물리적인 거리뿐 아니라 감정의 거리도 생기자, 내 반응이 달라졌다. 무심하게 대하거나, 예전처럼 감정적으로 응수하지 않는다. 적당한 거리를 두니, 엄마도 자신의 삶을 조금씩 독립적으로 꾸려가기 시작했다. 나는 그런 엄마를 보며, 이전보다 더 따뜻한 시선으로 바라볼 수 있게 되었다.

내 감정에 휘둘리기보다는, '왜 내가 이렇게 반응하지?'라고 스스로 묻는 연습을 하며 통찰하려 애쓴다. 아이들 앞에서, 연로한 아버지 앞에서, 그리고 엄마 앞에서 내 말투, 눈빛, 작은 행동 하나가 어떤 파장을 남길지를 돌아보며, 나 자신을 조금 더 조심스럽게 다듬어가고 있다.

관계는 여전히 쉽지 않다. 조금씩 나의 반응을 복기하고, 내 감정의 근원을 들여다본다. "너는 왜 그렇게 행동했니?" 질문을 스스로 던질수록, 내 안의 오래된 불편함과도 마주하게 된다. 때로는 고장 난 레코드처럼 똑같은 패턴으로 반응하는 나를 발견한다. 이제는 감정에 즉각적으로 반응하는 사람이기보다, 통찰력 있게 반응하고 내 마음을 인지하고 보듬는 사람이 되고 싶다. 서로 다른 관점에서 같은 사건을 바라볼 수 있을 때, 비로소 우리는 진짜 연결될 수 있다.

그리고 그 연결은, '있는 그대로의 그들을 존중하는 것'에서 시작된다는 것을 배운다. 예전의 나는 엄마의 질문 의도나 막내만의 세계를 이해하기보다는, 먼저 저항하고 반응부터 했다. 하지만, 이제는 이해하려 한다. 누군가를 바꾸려는 마음 대신, 먼저 귀 기울이고, 받아들이는 자세를 택하고 싶다.

그래서 나는 이제, 사랑을 말할 때 한 걸음 더 다가가는 대신, 한 걸음 더 깊이 이해하려 한다.

Genuine connection begins when love is guided not only by the heart but by a deep understanding of the other.
진정한 연결은 사랑이 마음뿐만 아니라 서로에 대한 깊은 이해로 이끌릴 때 시작된다.

사랑의 표현을 아끼는 어리석음은 바다에 퐁당!

이미자

"아빠, 언니는 아빠 딸이잖아요!, 부모가 자식을 이해하지 않으면 누가 이해하겠어요!"

"언니는 왜 그렇게 하는지 모르겠다."

"언니가 아빠의 마음을 잘 몰라주니깐 아빠도 속상하신 거죠?"

"언니는 아빠 맘을 좀 몰라주는 것 같지만 아빠를 얼마나 걱정하는데요, 언니가 표현을 못 해서 그렇지, 무엇보다 아빠 딸이잖아요! 누구 닮았겠어요?"

"그러니까 말이다. 네 말이 맞다. 알겠다잉!"

아빠는 자식에 대해 늘 미안함을 가지고 있다. 반대로 자식들은 아빠에 대해 불편함을 가지고 있다. 우리 가족은 표현이 부족하다. 재미있는 사람도 없다. 단지 누군가가 무엇을 하자고 제안하면 모두 흔쾌히 동의하고 잘 따라준다. 우리 가족의 강점이다. 그래서 우리 가족과 함께하면 기분이 좋다. 태클 걸 사람이 없으니 즐겁다.

우리 4남매 중 첫째와 막내는 포항에서 산다. 쌍둥이 남매는 경기도에서 산다. 그것도 화성시와 양주시, 멀리 떨어져 있어서 평상시에는 연락을 자주 하지 않는다. 그래도 뭉치면 즐겁고 흩어지면 쿨하게 각자의 삶을 살아간다. 적절한 거리를 유지하며 잘 지내는 편이다. 3남매는 말이 많지 않다. 돌연변이처럼 나만 우리 집에서 에니어그램 9번 중재자 유형이다. 좋은 일이든 힘든 일이든 풀어가는 몫은 늘 내 차지였다. 다행히 우리 집 아들들이 아내를 잘 만나서 요즘은 지방에 있는 막내 올케가 그 역할을 하고 있다. 참 고맙다.

옛말에 가까이 사는 자식이 효자라는 말이 있다. 그런데 가까이 살면 자주 만나게 되다 보니 탈도 난다. 애증의 관계처럼, 워낙에 불같은 다혈질의 아빠는 연세가 들어서 한 풀 꺾이긴 했지만 여전하시다. 가족들은 아빠가 어떻게 반응할지 몰라 나에게 먼저 아빠의 의견을 물어보라고 한다. 아빠는 정도 많고 따뜻한 사람이다. 눈물도 많고 참 다정한 분인데 성격이 급해 갑자기 분

노하거나 폭발하는 일이 종종 있다. 그래서 어려운 이야기를 해야 할 때는 대부분 나를 거치는 일이 많았다. 난 아직도 아버지를 아빠라고 한다. 친밀감의 표현이다. 아직도 아빠와 어머니에게 일주일에 두세 번은 안부를 전하는 편이다. 부모님의 마음을 편하게 해드리고 싶은 마음이다.

나는 가족과 개인의 밸런스를 중요하게 여기는 사람이다. 어린 시절부터 부모에게 큰 기대를 하진 않았지만, 가족을 사랑했다. 내게 가족은 1순위였다. 언니가 아이를 낳았을 때 조카가 생겨서 너무 기뻤다. 사랑스러운 조카에게 지극 정성 이모의 역할을 톡톡히 했다. 가족에 대한 애정이 남달랐다. 그러나 남동생들에게 표현하는 것은 어색하다. 상담 공부를 하게 되면서 동생들에게 가끔 칭찬도 하고 말을 건네기도 한다. 우리는 그렇게 기분 좋게 만난다. 피를 나눈 형제들이니 더 가깝게 따듯하게 만나면 좋겠다는 아쉬움이 늘 있다.

성인이 되면서 같이 지내는 시간이 많지 않아 더 가까워지지 못했다. 아빠는 자녀들에게 미안함과 고마움을 자주 표현하신다. 가끔 내겐 '우리 딸 장하다'라고 늘 건강 챙기라는 말씀과 함께 문자를 보내신다. 과거에 부모들은 자식 자랑하면 팔불출이라고도 했다. 자식 버릇 나빠질까 봐 사랑의 표현도, 좋다는 표현도 많이 못 하는 삶을 사셨다. 그렇게 부모에게 들어보지도 못한 말을 세상 바뀌었다고 부모님들이 자식들에게 쉽게 할 수 있겠는가? 어색하고 부끄러워서라도 자식을 칭찬하거나 인정하는 것은 어려우셨을 것이다. 얼마나 슬프고 안타까운 일인가?

첫째인 언니는 아빠에 대한 좋은 기억이 많지 않다고 한다. 나는 "아빠, 언니한테도 우리 딸 열심히 살아줘서 고맙다.", "우리 딸이 잘살기를 바란단다!는 말도 좀 해주셔~"라고 웃으며 이야기하곤 했다. 부모 자식과 형제가 피를 나누었는데 마음을 표현하지 못하는 것이 속상하다. 어쩌면 우리도 뇌리에 박혀 있는지도 모른다. 그래서일까? '다른 사람 의식해서 자식에게 사랑을 표현하지 못하는 그런 부모는 되지 말아야지'라고 새겼다. '이쁘면 이쁘다고 사랑스러우면 사랑한다고 맘껏 표현하는 부모가 되어야지'라고.

내 자식을 낳으니 너무 이쁘고 사랑스러웠다. 굳이 애쓰지 않아도 표현이 절로 나왔다. 남들 눈 때문에 표현하지 못한 적은 없다. 아들 둘은 우리 부부에게 자주 전화한다. 사랑한다는 표현도 편하게 한다. 군에 간 아들로부터 전화가 왔다. 〈폭싹 속았수다〉에서 "관식이가 아빠 같고, 애순이는 엄마 같다."고. 베개를 적실 정도로 눈물이 났다고 했다. 둘째의 감성은 따뜻하고 애틋한 마음을 가졌다. 늘 전화 끝에 사랑한다고 말하고 "엄마가 친구들하고 재미있게 보내는 것이 참 좋아요."라고 말한다.

가족이 뭐 별거 있을까? 서로 사랑하고 마음을 알아주고 표현하며 애틋한 마음으로 서로를 걱정하는 것이 가족이 아닐까? 유일하게 피로 맺어진 내 편들이 삶을 공유하여 누구보다 서로를 잘 알았으면 좋겠다. 말 안 해도 아는 게 아니다. 사랑의 언어는 자신이 소중하다는 인식에 확신을 갖게 한다. 우리 뇌는 말이 입력되어 감정으로 기억된다. 좋은 말은 좋은 기억으로 나쁜 말은 상처로 남는다. 상처는 아주 오랫동안 흔적이 남은 것처럼 평생을 따라다니며 마음을 괴롭힌다. 가족에게 느낀 사랑의 힘으로 우리는 사회적 관계 속에서 살아간다. 엄마의 집밥이 그리운 이유도 사랑이기 때문이다.

지난 설에 언니와 잠을 자면서 이런저런 이야기를 했다.

"언니는 아빠에게 칭찬 들은 적 있어?"
"한참 생각하며, 기억이 안 나네! 그런 적이 없었던 것 같다!"
"아~ 그래서 언니가 아빠를 좋게 생각할 일이 없는 것일 수도 있겠다. 우리가 좋은 말을 들었던 기억이 있으면 연세 드신 아빠를 좀 이해할 수도 있고 그러려니 할 수도 있을 텐데 칭찬 쿠션이 없었구만!"

언니는 이쁘고 착하다. 표현이 서툴고 말이 많지 않다. 엄마가 언니는 곰 같다고 했다. 아빠한테도 금방 잘못했다고 하고 꼬리를 내리면 매를 덜 벌 텐데 언니는 그렇게 하지 않았다. 생각해보면 난 아빠 엄마에게 맞은 적이 없었다. 아빠는 다혈질임에도 자식을 이유 없이 때리지는 않았다. 그 시대의 아버지들처럼 칭찬을 많이 하지도 않으셨다. 진로에 관한 이야기를 나눈 기억도 없다. 기대조차 없이 스스로 살아가는 법을 터득할 수밖에 없었다. 분명 아빠도 자식을 엄청 사랑했을 텐데. 바나나를 사 들고 오신 아빠, 치킨을 자식들 먹이겠다고 먼 길에서도 들고 오셨던 그런 아빠, 못 배워서 자식은 대학 공부를 어떻게든 시키겠다고 가장의 무게를 감당하신 아빠. 어찌 자식을 사랑하지 않으셨겠는가? 어떻게 표현해야 하는지 방법을 몰라 표현하지 못했을 뿐. 아빠의 그 투박함이 사랑의 표현이었다는 것을 이제는 알 수 있다.

많은 내담자를 만난다. '사랑한다', '고생했다'는 말을 들으면 좋겠다고 호소한다. 정작 본인도 그런 말을 하는 것이 어렵지만 듣고 싶다는 것이다. 얼마나 아이러니한가? 나이가 들어가면서 시간이 아깝다. 가족이니깐 더 표현하고 사랑을 아끼지 말아야겠다. 죽을 때 후회하는 어리석음은 바다에 퐁당 던진다.

"이광현 아버지, 양양금 어머니, 사랑합니다."

"나의 시어머니 조정자 여사님도 사랑합니다!"

"예쁘고 착한 신자 언니, 늘 고맙고 사랑해!"

"말없이 책임감 강한 쌍둥이 동생 이호, 맏며느리 선주, 잘 사는 모습 너무 보기 좋다. 사랑한다!"

"막둥이 대일아, 누나가 항상 너 생각 많이 한다. 사랑해! 미화도 늘 부모님 잘 챙겨줘서 고맙고, 힘들 텐데 늘 밝게 시댁 식구들 맞이해줘서 고마워!"

"멋진 남편, 사랑해!!, 훌륭한 큰아들 영웅이, 탁월한 보배 정재웅! 잘 자라줘서 고맙고 사랑해!!"

"나의 시댁 식구들 좌충우돌 어려움이 있지만 사랑하고 축복합니다."

나의 사회적 페르소나는 누구인가?

이은정

"엄마는 진짜 밝고 당당한 사람 같아."

"그렇게 봐줘서 고마운데!"

둘째 아이와 주고받는 익숙한 대화다. 주변 사람들도 종종 비슷한 말을 건넨다. 항상 당당해 보인다. 에너지가 밝아서 옆에만 있어도 힘이 난다 등. 그럴 때면 웃으며 고개를 끄덕인다. 속마음은 다르다. '나는 사실 그런 사람이 아닌데…'

강의할 때, 말이 분명하다. 낯선 사람들과도 스스럼없이 대화하고, 회의 자리에서는 갈등을 부드럽게 중재한다. 누군가 실수하면 먼저 웃으며 분위기를 풀어준다. 그런 모습도 나다. 다만, 그게 전부는 아니다. 집에 돌아오면 긴장이 풀린 채 침묵하고 앉아 있는 시간이 더 많다. 스마트폰 알림을 꺼둔 채 멍하니 있거나, 거울 앞에 앉아 아무 말 없이 나를 바라보는 시간이 오히려 더 익숙하다. 사회 속 나와, 혼자 있을 때의 나는 꽤 다른 얼굴을 하고 있다. 이 간극은 오래전부터 생겼다.

반수를 결심하고 부산 고모 집에 머물게 됐다. 처음 가본 도시, 낯선 가족, 새로운 학원. 아침마다 식탁에 앉으면 말수가 적은 고모부의 눈치를 살폈다. 수저 소리도 조심했고, 밥을 남기지 않으려 애썼다. 학원에서는 이미 무리를 이룬 아이들 틈에 자연스럽게 끼기 위해 타이밍까지 계산했다. 질문 하나도 분위기를 살피며 조심스럽게 던졌다. 웃을 때도 상대방의 반응을 의식하며 각도를 맞췄다. 튀지 않되 센스 있어 보이는 아이. 말실수 하나 없는 아이. 그런 이미지에 맞추려 점점 더 민감해졌다. "얘는 분위기 싸하지 않아.", "진짜 센스 있어."

그럴수록 진짜 내 말은 점점 줄어들었다. 내 진심보다는 그들의 반응을 먼저 살폈다. 사람들 앞에서는 말이 많았지만, 집에 돌아오면 말없이 방으로 들어가 불도 켜지 않은 채 누워 있었다. 오늘 내가 어떤 표정을 지었는지조차 기억나지 않는 날들이 이어졌다. 관계가 많을수록 외로웠고, 사람들 속에 있을수록 공허했다.

인성교육 프로젝트가 있던 날도 그랬다. 오전 9시부터 회의하고 리허설을 거쳐 강의 참관까지, 쉴 틈 없이 돌아다녔다. 수업 중 제자가 실수했을 때, 나는 익숙한 방식대로 격려하며 분위기를 풀었다. 제자가 내게 커피를 건네며 말했다. "교수님 덕분에 진짜 살았어요.", "괜찮아, 잘했어." 언제나처럼 웃으며 말했다. 행사 후 마트에 들러 와인 한 병을 샀다. 집에 돌아와, 바로 샤워하고 저녁 대신 와인 한 병을 비웠다. 거실 소파에 등을 기댄 채 가만히 앉아 있었다. TV는 켜져 있었지만 아무 소리도, 어떤 장면도 귀에 들어오지 않았다. 누구에게도 연락하지 않았다. 그저 무표정한 얼굴로 하루를 마무리했다. '괜찮은 사람'이라는 옷을 벗지 못한 채.

또 다른 날, 교사 연수에서 '교사의 인성 리더십'을 주제로 강연했다. 장비 문제로 시작 전부터 상황은 어수선했다. 마이크 설정은 두 번 끊겼고, 동영상도 출력되지 않았다. 나는 즉석에서 사례를 바꾸며 시간을 채웠다. 강연이 끝난 뒤, 한 선생님이 다가와 말했다. "선생님은 늘 완벽해 보여요. 힘든 일은 없으신가요?" "저는 잘 넘기는 편이에요." 미소로 대답했지만, 마음은 이미 지쳐 있었다.

집에 돌아온 시간은 저녁 8시. 재킷을 벗고, 노트북 가방을 책상에 던져둔 채 바로 욕실로 향했다. 거울에 비친 얼굴은 누렇게 떠 있었고, 눈가에 붉은 기운이 감돌았다. 칫솔을 내려놓고 거울을 바라보며 중얼거렸다. '나, 오늘 너무 지쳤어…' 아무 말 없이 2분 넘게 서 있었다. 입을 열었지만, 표정은 없었다.

결정적인 변화는 2년간의 영성 상담을 마친 이후였다. 강의와 코칭을 병행하며, 하루 10시간 이상 모니터 앞에 앉는 일이 일상이었다. 일정이 빡빡했고, 하루에 세 개 이상의 강의를 소화하는 날도 많았다. 상담이 끝난 뒤에도 피드백 메일을 보내고, 다음 세션을 준비했다. 야근이 반복됐고, 식사는 주로 책상 앞에서 해결했다. 사람들은 역시 성실해, 믿을 만해 같은 말을 자주 했다. 그 기대를 저버리지 않기 위해 더 무리했다.

그 무렵, 전문가들과 함께하는 협업 프로젝트에 참여했다. 초반엔 문제없이 진행되었다. 중반 이후 일정이 어긋나고 자료 공유가 지연되면서 갈등이 생겼다. 회의 중 누군가가 프로젝트 방향성 문제를 제기했다. 리더가 말했다. "이 방향은 이 선생이 주도했어요." 회의실 안의 시선이 내게로 쏠렸다. 누군가는 노트북을 덮었고, 누군가는 팔짱을 꼈다. 분위기는 무거워졌고, 나는 아무 말도 하지 못했다. 이미 정해진 흐름 속에서 반론을 제기할 여유도 없었다. 회의가 끝나자마자 가방을 챙겨 회의실을 빠져나왔다. 건물 입구 자동문이 열리자 차가운 바람이 얼굴을 스쳤다.

주차장 한쪽 벤치에 앉았다. 주변에는 아무도 없었다. 소리 없이 어깨만 꺼이꺼이 들썩였다. 내가 연기해 온 사회적 자아가 나 자신에게 상처를 주고 있었음을 그제야 알았다.

그 뒤로 명상에 많은 시간을 할애했다. 일지를 쓰며, 하루 중 가장 솔직했던 순간과 가장 거짓됐던 순간을 기록했다. 놀랍게도, 대부분 시간을 '나답지 않게' 살고 있었다. 웃는 얼굴 뒤에 진짜 감정을 눌러두고, 누구에게도 짐이 되지 않으려 애쓰고 있었다. 내가 만든 게 아니었다. 환경과 경험과 상처가 만든 생존 전략이었다.

예전의 나는 웃고 있었지만, 마음은 소리 없이 울고 있었다. 사람들이 좋아하는 모습이 '진짜 나'인 줄 알았다. 아니었다. 페르소나는 나를 보호했지만, 동시에 나를 가두었다. 진짜 나로 살아가는 건 용기가 필요한 일이었고, 결국 나를 살리는 일이다. 누구에게도 짐이 되지 않기 위해 애쓴 날들, 그 무게는 결국 내 마음에 내려앉았다.

오늘도 나는 내 안의 페르소나에게 말을 건넨다. "고생 많았어. 이제는 조금 쉬어도 돼. 나, 진짜 나로 살아볼게." 이 글을 읽고 있는 당신도 어쩌면 매일 '어떤 나'를 연기하며 살아가고 있지는 않은가? 웃는 얼굴로 대화를 이끌고, 감정을 눌러두고, 친절한 사람으로 남기 위해 애쓰는 '사회적 페르소나' 말이다. 그건 나약함이 아니다. 치열한 생존 방식이다. 기억해야 할 건, 그 옷을 벗지 않으면 언젠가는 숨이 막힌다는 사실이다.

나에게 이 질문을 던져본다.

첫째, 내가 사람들 앞에서 보이는 모습은 누구인가?
둘째, 그 모습은 진짜 나의 일부인가, 아니면 사회가 만든 가면인가?
셋째, 내가 가장 솔직했던 순간은 언제였는가?

그리고 나서 단 한 사람, 가장 가까운 누군가에게 말한다. 지금까지 하지 못했던 솔직한 말 한마디를.

"사실 나, 그때 진짜 많이 힘들었어."
"그 말 듣고 되게 상처받았었어."
"그런 척한 거야. 나 원래 그런 사람 아니야."

입 밖으로 나오는 순간, 비로소 연기가 아닌 삶을 살아가기 시작할 테니까.

내가 먼저 변해야 한다는 깨달음

이향숙

"왜 그렇게 힘들게 살아?"
"쉬엄쉬엄 쉬어가면서 해야지."
"나 같으면 그렇게 안 했어."

살다 보니 이런 말을 자주 듣는다. 내가 누군가에게 하소연하면, 위로라기보다는 판단처럼 느껴지는 말들이 돌아오곤 한다. 사실 나는 남들보다 유별나게 열심히 사는 것도 아니고, 눈에 띄는 성과를 낸 것도 아니다. 그런데도 많은 일을 감당하고 있는 바쁜 사람처럼 보이는가 보다. 잘하지는 않지만, 꾸준히 무언가를 해나가고 있긴 하다. 반복되는 일상에서 변화가 필요할 때가 있다. 회사를 옮길지, 지금 하는 일이 나에게 맞는 일인지 고민한다. 불확실한 미래가 나를 지치게 하기도 한다. 무엇인가를 선택하고 결정을 내려야 할 순간이 찾아올 때면, 두려움도 함께 찾아온다.

    5년 전쯤, 대학원 동기와 함께 점집을 찾은 적이 있다. '23세 처녀 보살'이라는 현수막이 궁금했다. 신중하고 안전을 추구하는 성격인 나는 한참을 망설였다. 실행력 빠른 동기가 바로 문의하고 예약을 잡아 함께 가게 되었다. 지하철 타고 버스를 갈아타며 목적지에 도착해서는 동기가 먼저 점을 보러 들어갔다. 대략 30분쯤 지나 동기가 나왔고 서로 눈빛을 교환하고 들어갔다. 그 자리가 낯설고 편하지는 않았다. 궁금한 것들을 물어보았다. 특별한 것은 아니었다. 큰아들이 군에 남아 있어도 되는지 물었다. 처녀 보살은 "대령까지 갈 거예요. 천직이에요."라고 말했다. 작은아들도 자기 앞가림은 할 거라며 걱정할 필요 없다고 했다. 나에겐 "대운이 들어왔다. 신할머니가 걱정할 것이 없다고 하신다고……."라는 좋은 말을 해주었다. 순간 기분이 좋아졌다.

    5만 원을 내고 나가려던 차에, 처녀 보살은 "신할머니가 그냥 가면 섭섭해하신다."라며 복채를 더 내라고 재촉했다. 당황스러웠다. 복채를 내려고 인출기에서 뽑아온 현금 5만 원이 전부였다. 처녀 보살은 추가로 돈을 내라고 몇 번을 말했다. 순간 정신은 말짱한데 말려드는 느낌이라고 할까? 마음속에서 갈등이 시작되었다. '동기는 5만 원만 냈는데 나한테 돈 냄새가 나나!' 의도하지 않았지만, 계속되는 재촉에 "현금은 없고, 10만 원권 수표 한 장 있어요."라고 나도 모르게 말을 해 버렸다. 처녀 보살은 기다렸다는 듯 "그거 내고 가라."고 했다. 어쩔 수 없이 반강제로 수표를 내고 말았다. 내지 않으면 혹시나 할머니 신이 심술을 부려서 내게 들어왔다는 대운을 가져갈까 봐 두려운 마음도 있었다.

점집을 나와서 동기와 한참을 웃었다. 아이없고, 한편으로는 씁쓸했다. 처녀 보살도 내가 어리숙하고 쉽게 넘어가는 사람처럼 보였나 보다. 동기는 "자신도 그런 상황이면 안 낸다고 말하는 건 쉽지 않았겠다."라며 나를 위로해 주었다. 오늘 우연히 길거리에서 23살이 빠진 처녀 보살 현수막을 보게 되었다. 보는 순간 휴대전화를 꺼내 전화번호를 확인해 보았다. 그때 동기와 다녀온 그 점집이었다. 아직도 5년 전 그 말을 믿으며 언제 찾아올지 모를 대운을 기다리며 묵묵히 살고 있다.

그날 이후, 그 경험은 내게 많은 생각을 하게 했다. 내가 보는 나와 타인이 보는 나의 차이를 찾아보았다. 타인과 관계를 맺을 때, 나는 나에게 적용하는 기준보다 훨씬 더 너그럽다. "그래, 그럴 수도 있지."라며 공감하고 지지하며 배려하고 양보한다. 누군가 부탁하면, 망설이면서도 결국 "그래, 해줄게."라고 말한다. 상대방이 무안해지거나 민망하지 않도록 말이다. 보이지 않는 착한 사람의 가면을 쓴다. 왜냐하면 싸늘해질 분위기가 싫고 어색해지는 것이 싫어서다. 그 이면에는 갈등을 피하고 싶은 내 숨겨진 욕구도 작용하는 것 같다.

남편과 말다툼하지 않게 된 결정적인 한 마디가 있었다. 동생 집에서 주말을 보내고 집에 돌아왔을 때, 이유 모를 짜증이 밀려와 아이들에게 화를 내며 물건을 쿵쾅거리며 정리했다. 무엇 때문에 기분이 나빴는지는 기억이 나지 않는다. 그 모습을 본 남편이 이렇게 말했다. "나도 많이 참았어." 남편 생각은 전혀 하지 못했다. 나는 나만 억울하고 속상하고 짜증이 났다고 생각했으니까. 순간 '뭘 참았다고 하는 거지?'라고 생각했다. 하지만 그 짧은 말이 계속 맴돌았다. 아, 나만 참는 게 아니구나. 서로 인상 쓰며 싸워봤자 결국 나만 손해일 뿐이라는 걸 깨달았다. 그 후, 나만 힘들고 억울한 게 아니라 남편도 나와 같은 마음일 수도 있다는 걸 이해하게 되었다. 서로가 감정을 억누르고 살다 보면 결국 그것이 더 큰 갈등이나 오해로 이어질 수 있다는 것을 경험하게 된 거다. 살면서 우리는 자주 말한다. "네가 먼저 변해야지." 하지만 관계란 기다리는 것이 아니라 용기에서 시작된다. 상대가 내 마음을 알아주길 바라기 전에, 내가 먼저 내 마음을 솔직하게 표현하는 용기가 필요하다. "그랬었구나!"라는 말 한마디가 때론 꽉 막힌 마음을 풀어줄 수 있으니까.

자주 만나는 사람에게는 아주 작은 일로 서운함이 생기기도 한다. 그 사람과 특별한 관계가 되고 싶은 마음에서 비롯된다. 좋은 관계를 유지하려면, 적절한 거리두기, 서로의 다름에 대한 존중, 열린 마음으로 감정을 솔직하게 표현하는 태도가 필요하다. 상대방의 말에 경청하고 적절한 반응을 보여 배려받고 존중받고 있다고 느끼게 하는 거다. 갈등이 생겼을 때, 감정적으로 격해지지 않도록 노력하고, 논리적으로 해결하려고 해야 한다. 상처를 주지 않으면서 상대방의 처지를 이해하려는 노력. 무엇보다, 좋은 관계를 위해서 상대방이 변화하기를 기다리지 말고, 내가 먼저 변화를 시작해 보면 어떨까? 무엇보다 나를 위해서 말이다.

나는 지금도 배워가는 중이다. 내가 먼저 변할 수도 있다는 것, 그것이 관계의 출발이라는 것을. 누구보다 가까운 사람에게 서운함이 생긴다면, 그 관계가 특별하다는 증거다. 특별한 관계일수록 내 쪽에서 먼저 변화의 방향을 향해야 한다. 관계는 기다림이 아니라 용기다. 용기 있는 사람이 먼저 다가서고, 말하고, 표현하는 거다. 결국, 용기 있는 사람이 관계를 지킨다. 좋은 관계는 상대가 변하길 기다리는 것이 아니다. 내가 먼저 바뀌는 데서 시작된다. 그 변화는 결국, 나 자신을 위한 가장 따뜻한 선택이니까.

함께하면서도 나를 잃지 않는 기술

임해숙

사람들과 함께 있을수록 지쳤다. 말을 많이 해서 그런 것도 누군가에게 미움받았던 것도 아닌데… 모임을 마치고 집에 돌아오면 이상할 만큼 공허하고 피곤했다. 나에게 물었다.

"혹시 내가… 관계 안에서 나를 놓치고 있는 건 아닐까?"

좋은 사람이 되고 싶었다. 모임에 빠지지 않았다. 사람들을 챙기고, 누가 부탁하면 답했다. "괜찮아, 내가 할게" 속으론 버거워도, 겉으로는 늘 웃었다. 어느 순간부터 내가 너무 얇아진 기분이 들었다. 남의 기대에 나를 맞추다 보니 정작 내가 원하는 게 뭔지조차 잊고 살았다. 사람들과 조화를 이루려는 마음이 습관처럼 나를 희생하는 방식으로 굳어졌다. 그건 배려가 아니라 나를 무시한 거였다.

직장 회식 자리에서 있었던 일이다. 자리에 앉자마자 물잔을 돌리고, 메뉴를 확인했다. 어색한 분위기가 생기지 않도록 대화를 유도했다. 누구보다 먼저 건배 제안을 했고, 중간중간 침묵이 생기면 적극적으로 화제를 던졌다. 식사가 끝날 무렵, 한 동료가 웃으며 말했다. "오늘도 역시 분위기 메이커네. 늘 고마워요." 고개를 끄덕이며 웃었지만, 속으로는 지쳐있었다. 회식 내내 내 이야기나 감정을 단 한 마디도 나누지 않았다. 누가 시켜서 한 일도 아니었고, 강요받은 것도 아니었다. 스스로 만든 역할 속에서 내 자리를 놓치고 있었다. 돌아오는 길, 택시 안에서 창밖을 바라보다가 문득 이런 생각이 들었다. '오늘도 내가 나를 챙기지 않았구나.' 집에 도착하자마자 손목시계를 벗고 거울 앞에 섰을 때, 피곤함보다 공허함이 먼저 밀려왔다.

"지금 잠깐 통화할 수 있어? 너무 답답해서…"
"응, 괜찮아. 말해봐"

밤 10시가 조금 넘은 시간, 친구에게서 전화가 왔다. 종일 업무에 시달렸고, 눈은 이미 반쯤 감겨 있었지만 거절하지 못했다. 통화는 1시간 넘게 이어졌다. 늘 그렇듯 주제는 힘든 회사 이야기, 답답한 상사 이야기, 그리고 가정 고민…. 몇 번이나 같은 얘기를 반복해서 들었다. 전화를 끊고 나니, 밤 12시. 몸은 무겁고 마음은 얼얼했다. 그 친구는 나에게 속 시원하다고 했지만, 나는 또다시 혼자 조용히 감정의 무게를 정리해야 했다. 나는 왜 매번 이렇게 누군가의 감정을 떠안고 있는 걸까? 내 감정은 누가 들어주지?

그날 밤, 나에게 속삭였다. '너도 정말 많이 힘들었구나. 그동안 잘 견뎠어.' 늘 남의 말과 감정을 들어주느라 바빴다. 오늘은 내 마음 들어줄 차례다. 함께하는 일이 소중하지만, 나를 잃지 않는 게 더 중요하다. 지금 당장, 나부터 따뜻하게 안아주자.

"야, 우리 언제 한번 보자~ 나 요즘 너무 힘들어. 오늘 저녁 시간 돼?"

바쁜 퇴근길. 지하철 안에서 숨을 돌리던 중, 오랜 친구에게서 문자가 왔다. 답장을 망설였다. 이미 너무 피곤했다. 해야 할 일들도 줄줄이 있었다. 텅 빈 냉장고 반찬 통, 쌓아 둔 세탁물, 정리 못 한 우편물…. 순간, '다음으로 미루면 서운해하지 않을까. 어차피 다음 주도 바쁘니까 오늘 아니면 또 못 보겠지.'라는 생각에 압도되었다. 결국 "응! 나도 너 보고 싶었어. 어디서 볼까?"라고 답했다.

근처 카페에서 만났다. 2시간 넘게 얘기를 쏟아냈다. 나는 고개를 끄덕이고, 맞장구치고, 웃어주며 듣기만 했다. 헤어지기 전 친구가 말했다. "역시 너밖에 없어. 네가 있어서 다행이야."

돌아오는 길, 텅 빈 지갑보다 텅 빈 마음이 더 무거웠다. 정작 내 얘기는 아무 말도 못 꺼냈다. 집에 도착하니 밤 11시. 씻지도 못하고, 거실 소파에 기대 잠들었다. 왜 난 그때, '오늘은 힘들다'고 말하지 못했을까. 언제쯤 내 피로도 소중하게 여길 수 있을까.

토요일 아침, 아파트 단톡방에 공지가 떴다. "이번 주말에 단지 화단 정리 봉사 있어요~ 시간 되시는 분은 잠깐이라도 도와주세요^^" 처음엔 그냥 넘기려고 했다. 잠시 뒤, 같은 라인 이웃이 개인 톡을 보내왔다. "혹시 이번 주말 도와줄 수 있어요? 작년에 너무 고생했거든요.ㅠ" 고민되었다. 다들 바쁜데, 내가 안 나가면 티 날 텐데…. 같은 라인인데 괜히 소문이라도 나면 불편할 것 같아….

고무장갑을 끼고, 삽을 들고, 낯선 사람들과 흙을 뒤적이고 있는 나. 허리도 아프고, 손에 물집도 잡혔다. 점심도 못 먹고 집에 돌아왔다. 누군가 단톡방에 올린 사진 속 내 모습엔 웃는 표정이 찍혀 있었다. 하지만, 난 몸이 아니라 마음이 진흙탕처럼 무거웠다. 내가 오늘 이걸 왜 했지? 칭찬을 듣고 싶었던 걸까? 누군가에게 미안해서였을까? 아니면 그냥 버릇처럼? 도움을 주고도 후회하는 순간이 이렇게 많아도 되는 걸까? 다음엔 쉬고 싶다고 말해도 괜찮아! 이 말을 누가 나 대신해 줬으면 좋겠다.

관계를 망치는 습관에는 공통점이 있다. 그건 다름 아닌 자신을 무시하는 데 익숙해진 마음이다. 하고 싶지 않은 일을 억지로 하면서 웃는 습관, 상처받고도 "괜찮아"라고 말하는 습관, 의견이 있어도 침묵하는 습관, 나보다 타인의 눈치를 먼저 살피는 습관 등. 이런 습관들은 겉으로는 원만해 보인다. 속으로는 자기와의 관계를 무너뜨리는 불씨다. 사소한 감정 폭발이나 예기치 못한 거리감으로 관계를 스스로 망가뜨리는 결과로 이어진다.

관계를 망치는 습관에서 벗어나기 위한 첫걸음은 나의 감정을 먼저 인정하는 거다. 이 말이 불편하다, 이 상황이 힘들다, 지금은 쉬고 싶다는 단순한 진심을 나에게 허락하는 것. 그 마음을 아주 작은 용기로 행동에 옮겨보는 거다.

"이번엔 미안하지만, 내가 함께하긴 어려울 것 같아."
"그 말은 조금 상처였어."

처음에는 어려웠다. 시간이 지나면서 관계를 더 솔직하게, 더 건강하게 만들었다. 나를 지키는 말은 관계를 끊는 말이 아니라 관계를 오래도록 지켜주는 힘이 되니까.

　많은 사람이 착각한다. 내가 나를 주장하면 관계가 깨질까 봐, 거절하면 나쁜 사람이 될까 봐. 그래서 자신을 접고, 양보하고, 참는다. 진짜 조화란 모두가 침묵하는 평화가 아니다. 각자가 건강하게 존재할 수 있는 공간에서 이루어진다. 나는 나고, 너는 너다. 서로의 경계를 인정하고 존중할 때 비로소 우리는 같이 있으면서도 편안한 관계를 만들어갈 수 있다.

　혹시 지금의 관계에서 너무 애쓰고 있지는 않은가? 습관처럼 괜찮다고 말하면서 속으로 울고 있지는 않은가? 내 마음을 먼저 돌봐주자. 나를 존중하는 사람이 되어야 비로소 타인과 진심으로 연결된다. 관계를 망치는 습관은 내가 부족해서가 아니다. 너무 오래 참아왔기 때문일지도 모른다.
　나에게 외친다. "나도 지치지 않고, 오래 머물고 싶은 관계를 만들고 싶어." 함께 있으면서도 나를 지키는 기술이 삶의 기본이 되어야 한다. 타인에게 휩쓸리지 않고, 내 자리를 잃지 않으면서 함께 걸어가는 법. 그것이 우리가 지켜야 할 관계의 온도다.

집단 속에서 나를 지키고
타인과 조화를 이루는 방법

조시원

　어떤 조직이든 한 사람의 리더십 능력에 따라 그 명운이 갈리게 된다. 조직의 분위기를 결정하는 것은 구조가 아니라 사람이며, 그중에서도 가장 큰 영향력은 리더의 태도와 철학에서 비롯된다. 그러나 현실의 많은 조직은 파벌과 질투, 이기심, 욕심으로 인해 못하고 서로 헐뜯고 시기하며 음해가 난무하는 경우가 많다. 개인은 그런 분위기 속에서 점차 지치고, 결국 회피하거나 소외되기 마련이다.

　반대로 잘 되는 조직은 가족 같은 분위기 속에서 서로가 도와주고, 함께 울고 웃으며, 잘했을 때 진심으로 칭찬하고 격려하는 곳이다. 공동체의 분위기와 문화는 누가 얼마나 더 '위치가 높은가로 결정되지 않는다. 서로를 인간으로 대하며, 존중하고, 연결되려는 의지가 있을 때 그 집단은 살아 숨 쉬게 된다.

그 대표적인 성공 사례가 있다.

한 건강식품 대리점 조직은 전국에 약 120여 개의 매장을 운영하고, 그중에서도 다섯 개의 그룹이 핵심 운영을 맡고 있다. 그중 가장 뛰어난 성과를 내는 한 그룹은 탁월한 매출뿐만 아니라, 탁월한 '문화'를 지닌 것으로 유명하다. 단순한 매장이 아닌, 말 그대로 가족적인 공동체다.

이 그룹은 서울과 수도권, 충청, 호남, 영남 등 전국 각지에 20여 개 매장을 운영하고 있다. 매장마다 문화적 특성과 강점이 다르다. 어떤 매장은 고객 관계를 정성껏 관리해 7년째 단 한 번의 광고 없이도 고객의 소개만으로 전국 매출 1위를 유지하고 있다. 어떤 매장은 홍보와 고객관리, 지역 모임을 잘하여 꾸준히 탑클래스에 올라 있다. 또 다른 매장은 지역 커뮤니티와 협력해 문화행사, 건강 교육을 주관하며 지역사회에 스며들고 있다. 각 매장이 가진 색깔은 다양하지만, 공통점이 있다. 각 지역의 사랑방 역할을 하거나 건강에 관심이 많은 현대인에게 꼭 필요한 먹거리 문화 바꾸기, 시스템에 의한 의료 장비로 건강을 관리하고, 생활 습관 교육을 통하여 자신의 건강을 직접 관리 할 수 있도록 지도하여 문화로 정착시켰다. 모두가 '사람 중심'의 운영을 추구하며,

단순한 판매가 아닌 관계와 신뢰를 기반으로 한 시스템을 운영한다는 점이다.

　매장마다 고유한 이벤트도 진행된다. 어떤 곳은 '함께 걷기' 캠페인을 통해 매주 고객들과 자연을 걷고, 어떤 곳은 '힐링 스파 데이'를 운영하며, 온열 테라피와 명상을 결합한 건강 프로그램을 제공한다. 매장을 운영하며 본인의 건강 가족 그리고 지역의 건강을 관리하며 지역공동체의 선순환하는 취지였다. 특히 눈에 띄는 것은, 단 한 사람도 강요나 압박 없이 자발적으로 활동에 참여하고 있다는 것이다. 그 중심에는 서로를 아끼고 배려하며, '우리는 혼자가 아니다.'라는 집단적 신뢰가 자리 잡고 있다.

　그 조직의 리더가 말했다. "저는 누구보다 늦게 들어왔고, 특별한 학벌이나 경력도 없었습니다. 하지만 제가 꾸준히 해온 건 '사람을 있는 그대로 인정해 주는 것'이었습니다. 실수해도 감싸주고, 일이 안 풀려도 기다려 주고, 때론 울기만 해도 그 시간을 함께 앉아 있어 주는 것. 그게 제가 할 수 있는 전부였고, 그게 사람들을 움직였어요." 이야기를 들으며 많은 생각이 들었다. 이 조직의 성공은 단순히 전략이나 마케팅 때문이 아니었다. 사람이 중심이었고, 그 안에서 누군가 먼저 진심으로 다가갔기 때문에 가능한 일이었다.

요즘은 인간관계가 점점 더 피로하게 느껴지는 시대다. 협업보다는 경쟁이 익숙하고, 말보다는 텍스트가 우선이며, 직접 만나기보다는 비대면으로 모든 것을 해결하려는 경향이 짙다. 그 결과 우리는 같은 공간에 있어도 외롭고, 함께 일하면서도 단절되어 있다. 우리는 연결되어야 산다. 남을 위하는 일이 곧 나를 위하는 일이다. 〈당근마켓〉도 처음에는 중고품을 서로 교환하고 판매하는 과정의 중간 역할로 시작하여 사람들이 모임으로써 확장되었다. 〈배달의 민족〉도 처음에는 순수한 배달을 통해 지역 상인들의 영업 활성화가 목적이었다. 〈카카오〉 또한 핸드폰이 필수인 시대에 비대면 소통을 원활하게 하자는 아이디어가 대기업으로의 성장을 이루었다. 남에게 베푸는 삶이 곧 나를 위하는 거다.

건강 역시 마찬가지다. 대형 병원이 늘어나고, 정밀한 기계와 의학 기술이 넘쳐나지만, 환자는 계속 증가한다. 특히 관절, 척추, 당뇨, 고혈압, 대사 질환 등은 이제 중장년층의 고질병이 아닌, 청년층까지 확산되고 있다. 초고령사회 대한민국. 평균수명 84세로 세계 탑클래스가 되었지만, 건강수명이 65세. 결국, 약 먹고 병원 다니는 유병 기간이 점점 늘어났다는 말이다. 무엇이 문제일까?

건강 관련 상담을 20년 넘게 하면서 느낀 것은, 대부분 현대인은 건강 문맹. 수많은 정보가 쏟아지지만, 스스로 선택하고 실천하지 못한다. 어떤 이는 건강하게 100수를 다하며 행복한 삶을 살다 생을 마감하는 반면, 어떤 이는 십수 년 병과 싸우다 모든 재산을 다 날리고 생을 마감하는 안타까운 이도 있다. 자연과 멀어진 삶, 몸의 언어에 귀 기울이지 않는 삶, 감정에 무지한 삶이 결국 질병으로 드러난다. 이 또한 공동체의 문제가 아닐까?

얼마 전 암 수술을 마친 60대 여성 고객을 상담한 적이 있다. 그녀는 "의사도, 가족도 다 말은 많았지만, 아무도 내 얘기를 들으려 하진 않았어요."라고 말했다. 그녀의 말에 30분간 아무 말 없이 귀 기울였다. 단지 "정말 고생 많으셨어요. 지금은 울어도 괜찮아요."라고 말했을 뿐이다. 그녀는 펑펑 울고는, 이렇게 덧붙였다. "이제 다시 살아봐야겠다는 마음이 들어요." 그녀에게 필요한 것은 정보가 아니라, 진심이었다. 진심이 그녀를 다시 일으켰다.

우리는 언제나 집단 속에 살아간다. 가정, 학교, 직장, 공동체. 그 집단은 때때로 나를 성장시키기도 하지만, 나를 해치기도 한다. 중요한 것은 그 속에서 내가 나를 잃지 않고, 동시에 타인과 연결되는 거다. 나를 지키는 첫걸음은 경계다. 내 감정을 의식하고, 내 시간이 소모되는 방식에 대해 질문하고, 나에게 해로운 관계에 용기 있게 '아니오'를 말할 수 있어야 한다. 그러면서도 나 혼자만 옳다고 고집하지 않고, 다름을 이해하려는 태도가 필요하다. 누군가는 빠르게 결정하고, 누군가는 오래 고민하고, 누군가는 말로 표현하지만, 누군가는 조용히 존재로 말한다. 다양성을 인정하지 않으면 집단은 결국 파괴되고 말 테니까.

내 몸은 내가 관리하자. 먹거리 관리, 운동, 잠자는 시간, 스트레스 관리 등. 건강한 삶으로 행복을 만끽하자. 지난달 선종한 프란치스코 교황처럼 가볍게 떠나자. 더 많이 웃고, 더 많이 울고, 더 많이 놀라고, 더 많이 즐거워하는 감성이 풍부한 삶을 사는 거다.

"건강한 공동체는 개인을 치유하고, 성숙한 개인은 공동체를 살린다."

내가 가장 아끼는 문장이다. 결국, 사람은 사람으로 인해 회복되고, 사람으로 인해 상처받는다. 우리가 함께 살아간다는 것은, 서로의 다름을 받아들이는 동시에 그 안에서 공통된 가치를 찾아가는 여정이다. 누구도 완벽하지 않지만, 서로를 위하는 그 마음이 쌓일 때 우리는 '사람 사이의 온도'를 느낄 수 있다. 동료에게 진심으로 "고맙다." 말해보자. 가족에게 "힘들지?" 묻고, 눈을 바라보며 안아주자. 내 마음에게도 말하자. "잘하고 있어, 충분히." 작은 말 한마디가, 따뜻한 눈빛 하나가, 우리를 다시 살아가게 한다.

거리는 멀어도 마음은 가깝게

조숙희

"이 정도는 괜찮겠지."
"상대가 기분 나쁠까 봐 차마 말은 못 하겠어."
"그래도 내가 참는 게 낫잖아."

오랫동안 스스로를 설득하며 살아왔다. 수없이 참아냈고, 그 참음이 배려라고 믿었다. 문제는 언제나 온전한 미덕이 아니었다. '괜찮아'라고 억누른 감정들은 마치 곪은 상처처럼 마음 한 곳에 숨어 있다가, 어느 순간 '왜 내가 참아야 해?'라는 분노로 터져 나왔다. 눅진하게 쌓인 그동안의 인내는 수고가 아니라 억압이었다. 결국, 관계를 무너뜨리는 원인이 되었다.

몇 년 전, 가까이 지내던 친구와 사소한 오해가 있었다. 그녀는 약속 시간마다 10~15분씩 늦었고, 나는 그때마다 "괜찮아"라고 말하며 기다렸다. 그날도 마찬가지였다. 20분 늦게 도착한 그녀는 대수롭지 않게 웃으며 말했다. "숙희야~ 너는 진짜 성격 좋아. 이런 걸로 절대 화 안 내잖아." 순간, 마음이 무너졌다. 나는 지금 존중받고 있는 걸까? 이건 배려가 아니라 무시 아닌가? 그날 이후로 결심했다. '괜찮은 척'을 그만두기로. 며칠 뒤, 조심스럽게 말을 꺼냈다. "있잖아 나 사실, 늘 늦는 거 좀 서운했어. 내 시간도 소중하니까." 주저함 끝에 꺼낸 말이다. 그날 이후, 이후 약속 시간에 맞춰 오기 시작했다. 그래. 말해야 달라진다. 말해야 관계가 더 깊어진다.

어릴 적부터 예의, 배려, 양보를 미덕으로 듣고 자랐다. 미덕들은 참고 견디기, 맞춰주기, 말하지 않기로 왜곡되곤 했다. 좋은 사람의 조건이라는 착각의 늪. 상대의 감정에 쉽게 휘둘리고, 싫다고 말하지 못해 스스로를 소모하는 심리 패턴이다. 결국, 자기 존중을 갉아먹고, 관계에서도 에너지가 고갈된다. 그 틀에 나를 밀어 넣었다.

어느 날 문득 지치고, 말라가고, 사소한 일에도 감정이 출렁였다. 나는 왜 이렇게까지 참고 있었을까. 그 태도는 정말 나를 위한 것이었을까. '나'를 지키지 못한 채 타인을 배려하는 일이 정말 가능한가? 참는 법을 일찍 배웠다. 그래서일까. 나의 마음을 묻는 일엔 익숙하지 않았다. 표현하는 법보다, 억누르는 법에 능숙했다. 이제는 조금씩 배워야겠다고 생각한다. 진짜 배려는 나를 해치며 타인을 위하는 게 아니다. 나도, 너도 함께 무너지지 않기 위해 거리를 조율하는 일이라는 걸. 건강한 관계에는 경계가 필요하다. 너무 가까우면 숨이 막히고, 너무 멀면 마음이 닿지 않는다. 적당한 거리를 만드는 일, 경계를 세우는 일은 이기심이 아니다. 오히려, 서로를 존중하기 위한 시작이다. 관계를 지키기 위해. 진짜 좋은 사람은 참는 사람이 아니라 자신을 존중할 줄 아는 사람이다. 조금 늦게, 아주 천천히 배워가고 있다. 내가 단단해야, 관계도 오래간다.

치과위생사로 일할 당시, 간호조무사와 업무 경계로 갈등이 있었다. 스케일링은 법적으로 치과위생사의 고유 업무였지만, 그녀는 하려 들었다. 처음엔 그냥 넘겼다. 일이 커질까 봐, 괜히 예민하게 보일까 봐. 어느 날 내가 자리를 비운 사이 그녀가 환자의 치석을 제거하려 했고, 환자는 불편한 기색을 보였다. 급히 들어가 제지하자 그녀가 말했다. "어차피 간단한 건데, 그렇게 예민하게 굴 필요 있어?", "넌 좋겠다, 스케일링 할 수 있어서." 가슴이 철렁 내려앉았다. 용기를 내어 단호하게 말했다. "이건 예민한 문제가 아니라 환자의 안전과 의료법에 관한 문제예요. 스케일링은 치과위생사의 업무잖아요." 그날 처음으로 '나'를 지켜냈다. 놀랍게도, 그 이후로 그녀는 내 업무를 존중했다. 참는다고 평화가 오는 것이 아니다. 제자리를 지켜야 평화도 가능하다.

적절한 경계와 표현은 관계를 무너뜨리지 않는다. 오히려 관계를 더 건강하게 만든다. 보통은 참음을 미덕으로 착각한다. 나 역시 그랬었다. 관계에서 필요한 것은 무조건적인 인내가 아니다. 솔직한 소통과 서로를 위한 경계 위에 세워진다. 나만 참는 관계는 결국 누구에게도 좋지 않다. 건강한 거리두기는 더 오래, 꾸덕하고 진하게 관계를 연결해 준다. 이제는 내 안의 울타리를 만들고 있다.

가정에서도 마찬가지였다. 남편이 힘들어 보이면 나도 괴롭고, 아이가 속상해하면 모든 책임이 내게로 와 내 탓 같았다. 그들의 감정을 익숙하게 고스란히 내 안에 끌어들였고, 책임감을 넘어서 감정의 과잉 공감에 빠졌다. 한 번은 아이가 시험을 망치고 방에 틀어박혔을 때다. 나는 부엌에서 아무 말 없이 눈물을 흘렸다. 마치 내가 무언가를 잘못한 사람처럼. 아이의 감정을 내 감정처럼 떠맡는 게 도움이 될까? 지나친 공감은 오히려 독이 될 수 있다는 걸 깨달았다. 나는 엄마지, 아이가 아니다. 내가 지켜야 할 건 아이의 감정이 아니라 아이를 위한 안정감이었다. 그때부터 심리적 거리에 대해 진지하게 공부했다.

심리학자 베르나르트 크리스토프는 이런 상태를 "심리적 융합"이라 말한다. 서로의 감정을 구분하지 못하고 흡수해 버리는 상태. 결국, 상대는 내가 지나치게 참견한다고 느끼고 이내 곧 지쳐 버린다. 그건 사랑이 아니라 부담이다.

어느 강연에서 "건강한 거리는, 나를 지키는 최소한의 울타리다."라는 내용을 접한 후 울컥했다. 그동안 나는 경계를 허물면 더 사랑을 받는 줄 알았다. 그건 나를 비워내는 과정이었다. 경계를 가지면, 지금은 혼자 있고 싶다고 말할 수 있고, 그건 내 영역이 아니라고 표현할 수 있다. 상대의 감정을 내 감정처럼 떠맡지 않는다. 관계를 오래 지속하게 하는 힘이다. 나만의 거리두기 기술을 실천하고 있다.

첫째, 정서적 거리
"지금은 여유가 없어. 미안, 조금 있다가 얘기해도 괜찮을까?"
힘든 친구의 이야기를 무작정 다 듣지 않는다. 내 컨디션 먼저 체

크하고, 상황을 조율한다. 말을 꺼내는 용기만으로 관계의 질은 달라진다.

둘째, 시간적 거리

아무 약속 없는 하루를 일주일에 최소 하루는 확보한다. 그날은 누구에게도 시간을 빼앗기지 않고, 오롯이 내 삶의 방향을 점검한다. 결국, 내면의 체력을 회복하는 날이다.

셋째, 물리적 거리

책상 한 귀퉁이, 차 한 잔 마시는 창가. 그곳에선 누구의 간섭도 받지 않는다. 가정에서도 나만의 공간을 확보한다. 그 공간은 내가 나일 수 있는 안전지대가 된다.

가까운 사이일수록 거리감은 예의다. 정신 분석학자 에리히 프롬은 말했다. "사랑은 두 인격이 만나면서도, 각자의 독립성을 지키는 기술이다."라고. 기술의 핵심이 바로 건강한 거리다. 함께 있으면서도 자유롭고, 사랑하면서도 자신을 잃지 않는 관계. 가까운 사람일수록 더 조심하고, 더 정중하게 거리를 조절해야 한다. 오래도록 사랑을 지속하기 위해서.

며칠 동안 감정 소모에 지쳐있던 어느 늦은 오후. 남편과 아이, 친구와의 관계에서 '괜찮아'를 빈번히 뱉은 날. 몸이 괜찮지 않았다. 눈을 감아도 쉴 수 없는 상황에서 오쇼의 쿤달리니 명상을 떠올렸다. 나를 다시 세워야겠다는 마음으로 쉐이킹(Shaking, 흔들기)을 시작했다. 몇 분 지나자 자연스레 몸이 흔들렸다. 발바닥으로 올라온 진동이 허벅지를 타고 척추를 지나 머리끝까지 퍼졌다. 억눌렸던 감정이 터져 나오는 듯, 갑자기 눈물이 흘렀다. 속으로 삼켰던 억울함이 떨림 속에서 표면으로 올라왔다. 아무에게도 보이지 않는 공간, 누구의 판단도 없는 침묵 속에서, '괜찮지 않았던 나'를 처음으로 마주했다. 감정을 떠안은 게 아니라 흘러보냈다. 명상으로 나를 지켜냈다.

❀ 에너지 경계 재설정 명상 : 쿤달리니 명상

'쿤달리니 명상'은 몸의 떨림과 춤, 내면의 집중을 통해 억눌린 감정을 녹인다. 몸을 움직이며 나와 타인의 경계를 새롭게 재정비하는 시간. 긴장과 융합에서 벗어나, 나답게 숨 쉬는 명상법이다. 해 질 무렵이나 오후 늦게 하면 가장 좋다. 총 4단계로 이뤄져 있다. 1, 2단계는 떨기(Shaking)와 춤 속으로 녹아든다. 에너지 흐름이 억압되고 감정의 돌덩이들을 녹여낼 것이다. 에너지를 재충전한다. 3, 4단계는 모든 에너지를 수직적으로 위로 흐르게 해 깊은 평화와 이완을 통해 명상한다. 총 4단계로 단계당 15분씩 60분이 소요된다. 세 번의 종소리와 함께 명상이 종료된다. 이 명상은 억눌린 감정을 흘려보내고, 나와 타인의 경계를 새롭게 정립하는 데 도움을 준다.

《오쇼 액티브명상 중 '쿤달리니 명상법'》

1단계: 15분

몸의 힘을 빼고 에너지가 발바닥에서 위로 올라오는 것을 느끼며 몸이 떨리도록 허용한다.

눈을 뜨거나 감을 수 있다.

2단계: 15분

춤추라. 느낌 가는 데로, 온몸이 원하는 대로 몸의 움직임을 허용한다.

눈을 뜨거나 감을 수 있다.

3단계: 15분

눈을 감고 자리에 앉거나 서서 몸과 내면을 주시한다.

4단계: 15분

눈을 감은 상태에서 자리에 누워 그 상태로 머문다.

사람 사이에는 온도가 있다. 너무 뜨거우면 지치고, 너무 차가우면 외롭다. 우리는 적당한 온도를 찾아가는 여정을 살아간다. 그 온도를 유지해 주는 것이 바로 거리다. 관계란 결국, 각자의 자리를 인정하고 지켜주는 일이다. 건강한 거리는 단절이 아니라 연결을 위한 공간이다. 너무 가까워 상처 입지 않도록, 너무 멀어 외롭지 않도록. 나도 나일 수 있고, 너도 너일 수 있는 그 거리. 우리는 그 거리를 가늠하며 어른이 되어간다. 종종 거리를 두면 멀어진다고 착각한다. 관계가 멀어지는 이유는 거리를 조절하지 못해서다. 경계는 단절이 아닌 연결을 위한 틀이다. 진짜 평화는 침묵이나 인내가 아니라, 말하고 경계를 세우는 데서 시작되니까.

경계는 벽이 아니라 다리다. 서로를 더 오래, 더 건강하게 연결해 주는 다리. 참지 않아도 괜찮다. 불편하다고 말해도 괜찮다. 나를 지키는 일이 관계를 지키는 길일 수도 있다. 거리감은 이기심이 아니라 성숙함이다. 서로가 지키는 거리에서 관계의 온도는 비로소 따뜻해진다. 너무 뜨거워 지치지 않게, 너무 차가워 외롭지 않게, 적당한 온도로 서로를 감싸 안는 일. 우리가 함께 살아간다는 뜻이다. 누군가의 감정을 대신 짊어지기보다, 내 감정을 지켜내는 용기 있는 자가 되는 것이다.

마치는 글

강숙아

삶이라는 악보 위에서, 매일 각자의 리듬으로 살아간다. 빠르게 지나치는 순간들 사이, 느린 아다지오와 쉼표가 있어야 진짜 나와 마주할 수 있다. 타인과의 연결은 말보다 조용한 레가토에서 시작되고, 진심 어린 배려로 깊어진다. 실수도, 우연도, 뜻밖의 만남도 결국 우리를 성장하게 하는 선율이다. 누군가는 강한 비트로, 누군가는 조용한 음표로 하루를 살아간다. 중요한 것은 남의 박자를 따라가는 것이 아니라, 나만의 박자를 지키는 것이다. 지금 이 순간, 당신만의 박자로 삶을 천천히 연주하길 바란다.

김상철

어느 해 5월, 사무실에서 칼같이 정시에 퇴근하는 A 실장이 너무 얄미웠다. '사무실 분위기를 이렇게 모르나?'라는 생각이 머리를 가득 채웠다. 그가 한 모든 행동이 이기적으로만 보였다. 어느 날 사무실에 놓고 간 수첩을 찾으러 돌아왔다가 A 실장이 야근하는 모습을 보게 됐다. 초등생 딸아이의 하교 시간이 겹쳐서 하교시키고 다시 왔다며, 와이프도 건강이 안 좋아 누워있다고 했다. 아무 말도 못 했다. 내 기준으로 상대를 규정하고 '다름'을 '이기적임'으로 오해했던 거다. 이번 『관계의 온도』 공저에 참여하면서 관계의 시작은 상대가 아니라 나의 시선에 있음을 재확인하는 소중한 기회였다. 이 기회를 독자와 나누고 싶다.

김수정

지금 이 순간, 나는 나를 사랑하고 있을까. 깊이 숨겨 두었던 상처를 드러낸 순간 오래 묶여 있던 매듭 하나가 풀렸다. 아버지를 용서하며, 나 자신과 화해하기 시작했다. 소중한 관계 속에서 연민과 존중, 그리고 수용을 배웠다. 공동체 안에서 사랑과 감사를 전할 수 있는 나로 살아가기로 결심했다. 처음 내는 공저. 말로 다 할 수 없는 벅참이 밀려온다. 이 책이 당신에게도 용기를 건넬 수 있기를. 글을 쓰는 과정에서 치유와 정리의 순간을 만나기를 진심으로 바란다.

김한식

관계의 온도는 몇 도일까요? 몇 도가 적당한 온도일까요? 너무 차가워서 얼지도 않고, 너무 뜨거워서 데지도 않을 온도. 각자의 상황에서 상대적입니다. 아마도 몸과 마음의 거리가 '불가근 불가원'일 때 최적화되리라 봅니다. 허물없이 지내다 보니 서로의 스스럼없는 말로 상처가 되어 관계가 서먹해졌던 일이 있습니다. 글을 쓰면서 다시금 돌아봅니다. 나는 그들을 어떠한 온도로 대하고 있는지, 그들은 나를 어떤 온도로 느끼고 있는지. 항상 찾고 있습니다. 관계를 유지, 발전시키는 적정한 온도를. 당신의 온도는 어떤가요?

박니나

『관계의 온도』를 쓰며, 어린 시절의 경험이 생각보다 깊고 조용하게 우리의 현재를 만들어간다는 사실을 새삼 발견하게 됩니다. 하지만 우리는 과거에 머물지 않습니다. 성인이 된 우리는 자신을 돌보고, 이해하며, 삶을 다시 써 내려갈 힘을 가졌습니다. 관계에서 입은 상처는 관계 안에서 치유될 수 있고, 나를 향한 이해는 삶을 더 따뜻하게 만들어 줍니다. 이 책이 당신 안의 온기를 다시 깨우는 작은 불씨가 되기를 바랍니다.

이미자

Here & Now, 지금 여기에서 어린 시절의 나를 만나게 된다. 무의식적으로 현재의 관계에 영향을 미치고 있다는 것을 알아차리는 순간 의문과 당혹스러움이 교차한다. 어린 시절의 나에게 회색빛의 구름이 덮여 그 위에 있는 빛을 보지 못하고 있을 수 있다고 말을 건넨다. 부정적인 감정을 걷어내며 선한 의도를 만나며 마음의 무게가 가벼워지는 것을 느낀다. 세상의 온도, 내가 느끼고 있는 것보다 따뜻하다. 그래서 살만한 세상이라고 말하며, 이 글을 마무리한다. 단 한 사람에게만이라도 나의 마음이 닿기를 바란다.

이은정

관계는 감정의 교환이고, 감정은 온도를 가집니다. 어떤 관계는 너무 차가워서 얼어붙고, 어떤 관계는 너무 뜨거워서 지쳐버리죠. 그 사이 어딘가, 우리는 지치지 않으면서도 따뜻할 수 있는 온도를 찾아 헤맵니다. 관계를 잘하기 위한 '정답'은 없어요. 관계는 연습이 필요할 뿐. 감정을 돌보는 연습, 거리를 조절하는 연습, 그리고 나를 연기하지 않고 드러내는 연습. 글을 쓰며 진솔한 대화를 했습니다. 이 책을 읽는 독자들도 관계 속에서 조금 더 '자기답게' 살아가기를, 그로 인해 삶이 조금 더 따뜻해지기를 바랍니다.

이향숙

누군가에게 서운함이 생겼다면, 그만큼 특별한 관계라는 증거입니다. 기다리지 말고, 용기 있는 사람이 먼저 다가서서 말하고, 표현하며 행동하는 것이 중요하죠. 상대방이 변하기를 기다리기보다, 내가 먼저 변화하는 것이 관계를 더욱 특별하게 만듭니다. 좋은 관계를 유지하려면, 마음을 솔직하게 표현하는 용기와 함께, 공감의 끄덕임, 그리고 "그랬었구나!"라는 말 한마디가 차가워진 마음의 온도를 높일 수 있지 않을까요? 관계의 온도는 내일이 아닌 바로 지금, 이 순간에 만들어지기 때문입니다.

임해숙

관계는 뜨겁지도 차갑지도 않은, 나만의 온도를 지켜가는 연습이었습니다. 쓰는 내내 나를 돌아보고, 관계 속에서 흔들리던 마음을 다독였습니다. 그 속에서 진짜 나를 만났습니다. 누군가에게는 이 책이 멀어진 마음을 다시 잇는 다리가 되길 바랍니다. 완벽한 관계보다, 진심이 오가는 연결이 소중하다는 걸 다시 한번 느꼈습니다. 우리는 모두 다릅니다. 결국 사랑받고 싶은 마음은 같기에, 이 책을 통해 그 마음들이 따뜻하게 만나기를 소망합니다. 우리가 맺는 모든 인연이, 적당한 온기로 오래오래 기억되기를.

조시원

인간은 사회적 동물이다. 누군가와의 관계가 행복과 불행에 영향을 줄 수 있다. 초고령화 시대. 몸이 아프거나 특히, 청력·시력·관절에 문제가 있어 듣지도 보지도 걷지 못한다면 관계 형성이 어렵고 고독과 고립으로 암흑의 노후를 보내게 될 것이다. 독립의 욕구 인정의 욕구 자존감을 위한다면 건강할 때 먹거리, 생활 습관, 자연의 법칙을 지켜야 한다. 한국인은 감정표현 대신 상황에 적응하는 법을 배운다고 한다. 아프면 아프다, 힘들면 힘들다, 표현하는 것이 스트레스를 날리는 방법이다. 나답게 살기를 진심으로 바란다.

조숙희

이 책이 당신의 삶에 작은 쉼표 하나가 되기를 바랍니다. 모른 척 넘겨온 마음이 말을 걸어올 때, 그 목소리에 귀 기울일 수 있기를. 아울러 삶과 사람 사이에서 더 이상 자신을 잃지 않기를 바랍니다. 관계에는 거리 두기가 아니라, 거리 알기가 필요하다는 걸 기억하며. 당신이 당신에게 다정한 온도를 허락하기를 진심으로 바랍니다.